疲れない!!

楽しいを感じて、話して、書けば、人生は◎

武田双雲

GENTOSHA

はじめに

最近、スマホの電池の減りがすごく気になる。

ふぅ、やっと充電完了。

だけど、満タンにしても、すぐに減る。また充電しなきゃ。

以前の携帯電話よりも機能がパワーアップしたぶん、スマホは電池の減りが早くなりました。これと似たような現象で、現代人は、すぐに疲れて、充電してもすぐにパワーが減ってしまう傾向にあるように思えます。

昔は、洗濯機も掃除機もなく、お風呂も火を熾《おこ》し時間をかけて沸かしていました。

現在は、便利な道具がたくさんあふれて、楽になっている……はずですが、なぜか、昔の人より疲れているように感じます。

なぜでしょうか。

昔は今ほどマッサージ屋さんが多くなく、ふかふかの布団もなかった。薬もサプリメントもエナジードリンクもスムージーもなかった。それなのになぜ、現代人は元気がないと言われるのでしょうか。

そのひとつの原因として、「対処療法」に頼っていることが挙げられます。減った電池を焦って充電するより、そもそも電池が減りにくいほうがいい。電池が減っても焦らない気持ちや落ち着いて行動できる力がある方がいい。つまり、「根本治癒」に目を向けるということです。

元気という漢字は「元《もと》」の気と書きます。本当の自分は元気なのです。

我々人間は細胞数十兆個が調和しながら生きています。分子レベルで見れば日々、細胞が入れ替わって、宇宙とシームレスにつながっています。つまり、我々の身体は、宇宙と常につながっているのです。しかし、そのエネルギーがなんらかのマイナスな思考や感情によって滞ったときに、疲れが出て、その滞りをほっておくと病気として現れます。宇宙にある無限のエネルギーをどう滞らせずに活用するか。日々の体の動かし方だけでなく、考え方や心の動きも重要になってきます。

さまざまな視点から、本当の意味での「元気」になるべく、智恵をちりばめました。

では、最後まで、お楽しみください。

武田双雲

疲れない!!　目次

第二章 「言い方」を変えるだけでも疲れはとれる

第三章

疲れないためのおすすめの言葉

第四章　それでも疲れてしまった人へ

装幀／石川直美（カメガイ デザイン オフィス）
写真／田口陽介
ＤＴＰ／美創
編集協力／ヴュー企画

第一章
「書く」と疲れがとれる理由《わけ》

疲れは早めにキャッチし、ケアする。そのための「書く」という方法

現代人は疲れています。

あらゆる業界が、疲れを癒す対策を練っていることからも、そのことは明らか。

その意味で、本書は出版史上、きわめて画期的な本になるかもしれません。

なにしろ、「書く」という実にかんたんな方法で、「すっきり」疲れがとれ、「ぱっちり」「元気」になるのですから。

こんなかんたんな方法で疲れがとれてしまったら、医薬品業界や医療業界から苦情がくるかも、というのは冗談ですが（笑）、心にしろ体にしろ、元気でいることがいけないと考える人はいないでしょう。

なぜ書くと疲れないのか？

そこには「疲れ」のメカニズムが関係しています。

のっけから、誤解を招きそうな話で恐縮ですが、むしろこれ、誤解を解くためにどうしても言っておきたいことなんです。

皆さん、「疲れる」って、そんなに悪いことですか？

いや、もちろん僕だって、疲れるのは嫌ですよ。

朝、どうしてもベッドから起き上がれない。

駅の階段を上るのがつらい。

仕事のノルマがきつい。

こういうのは、本当にしんどいですよね。

でも、人間が疲れるという感覚を持っていなかったら、どうなるでしょう。

きっと、もっと頑張れたとは思います。

少なくとも、限界ぎりぎりまで、全力を出して「24時間戦える」はずです。そうでなければ、体力と気力の限界がくる前に、「もう、このへんでやめておこう」

と、あきらめてしまうことでしょう。

あきらめなければ、もっともっと頑張れる。

しかし、本当にそれでいいのでしょうか？

たしかに限界ぎりぎりまでは頑張れるかもしれませんが、頑張り切ったところですべての体力と気力が尽きていますから、それでおしまい。いったんは何かを成就《じょうじゅ》しても、次の段階へ移るには長い時間をかけて回復を待つ必要があります。

下手をすれば過労で病院にかつぎ込まれるか、そのまま過労死です。

こういうとき、言葉は私たちにいろんなことを教えてくれます。

試しに、

「疲」

という漢字を書いてみましょう。

「皮がやまう（やまいだれ）」と書いて、「つかれる」という意味の漢字ができていますね。

「皮」は表面という意味ですから、つまり、人間の表面＝外側に疲れが現われるということを、漢字を生んだ先人たちは意識していたのでしょう。

具体的にいえば、疲れはまず、顔色に出ます。なぜ、疲れがまず顔色に出るかといえば、それがひとつの信号となって、完全にダウンする前に休養したり、栄養をとったり、要するにあらかじめ何らかの対策が立てられるようにしておくためです。

そもそも「疲れ」とは、神経を通して疲労物質が体の中に増える現象です。しかも、このときの物質は、体が疲労の限界に達するよりもかなり前に出ます。そうでないと、回復不能なくらいにまで体が疲れ切ってしまうからです。

体が回復可能なうちに疲労の危険を体そのものが知らせてくれる。これは明らかにメリットですが、逆にマイナス面もあります。

疲れてはいるけれど、実際の体はまだ少し頑張れる状態です。ということは、もっと頑張れば頑張れてしまいます。

あともう少し頑張れば、仕事の目標が達成できる。

つらいけれど、ここで逃げたら自分に負けてしまう。

そんな風に考える真面目な人ほど、疲れの信号を無視して残りの体力が尽きるまで頑張ってしまうのです。

これが習慣となってしまえば、回復はきわめて困難です。

「疲れ」は人間にとって必要なもの。

回復不能なまでに弱らないうちに、自分の体の状態を知らせてくれる信号。

だからこれを、できるだけ早くキャッチするのが、疲れないコツなのです。

早い段階で疲れをキャッチするというのは、機械や楽器のチューニングをするのと同じことです。

チューニング＝調子を合わせる。

書道の心得がある人なら、ピンとくると思います。冒頭に僕が言った、「書くと疲れない」というのは、まさにこの疲れのメカニズムとそれに対する対処方法の関係について言っていることなのです。

墨をすりながら気持ちを整え、

筆の感触をたしかめながら、

筆運びのバランスをとる。

これは、書道家が日常的に行っている所作です。

僕はいつも墨をするのにたっぷりと1時間はかけますが、その間に感じる墨の何とも言えない豊かな香りや、指先から全身へと伝わる心地よい感触、墨と硯《すずり》のすれ合う音の響き、透明の水が次第に鮮やかな深い黒色を帯びてくる刹那《せつな》など、すべての感覚がヒーリング効果となって、心と体がどんどんと純化されていくのがわかります。

すり上がった墨を、筆の先に含ませてまっ白い半紙に向かう時間がまた最高。紙に広がる滲《にじ》み、墨色が織り成す視覚世界はまさにひとつの宇宙です。

一度書き始めたら、もう後戻りはできませんが、それが二度と同じものが得られないバランスだと思うと、不思議な愛おしさが感じられてきます。
筆を運んでいる間、ここをこんな線にしようとか、もう少し細くしていくとこんな絶妙なバランスになるんだとか、いろいろ試す過程を楽しむ感覚は、きっとジャズ・プレイヤーが極上の即興演奏をしているときと似た境地なんじゃないかと思います。
このように、「書く」という行為はとてもアナログな世界。ゆったりとした時間感覚の中で瞑想したり、バランスをとったりすることで、どんどんチューニングが合ってくるのです。
チューニング
ハーモニー
バイブレーション
言葉はいろいろですが、どれも、僕がここで言わんとしていることに使えるものばかりです。

この忙しいご時世に、ずいぶんのんびりした話だと思われるかもしれません。でも！　その、のんびり感が大事なんです。

完全に疲労し切ってしまってからでは、回復するのに時間がかかるし、病院に通うとか、仕事を長期間休むとか、かえって余計なロスが出てしまいます。そういうことにならないためには、対症療法ではなく、日ごろの小さなケアが大切。先ほどから述べているチューニングは、その小さなケアにほかなりません。

疲

「疲」という字は「皮がやまう」と書く。疲れが顔の表情や肌つやに現われるのは、それが体の危険をいち早く知らせてくれる信号だから。疲れを早めにキャッチし、上手に調子を整えよう。そうすれば、疲れは決して悪いものじゃない。

ポジティブな言葉を書くことで、「ハッピー」を習慣化する

書くという行為そのものから得られるヒーリング効果も大切ですが、そのときに書く言葉、つまり内容も当然、大切になってきます。

人間は、言葉を使って思考します。このことを私たちは、ふだんあまり意識していませんが、それは意識する必要がないくらいに当たり前のことだからです。でも、意識しているかどうかにかかわらず、実は人って心の中に浮かんだ言葉にかなり強く縛られているんですよね。

たとえば、僕の知り合いに、こんな人がいました。

「仕事で体が疲れていて、夜、寝ようとするのに寝つけない。明日も重要なきつい仕事が待っているから、早く寝なくてはいけないのに、そう思えば思うほど、

眠れないんです」

これなどは、言葉が人の心や脳に及ぼす作用の典型でしょう。

一般に脳は、その人にとってやばいと思える状況を予測し、そのことにあらかじめ意識を集中させる傾向があります。

それは、危機管理という意味で大切な脳の働きなのですが、あまりにその思いが強くなると、どんどんとそのやばい状況に陥った自分の姿をはっきりと意識することになります。この場合でいえば、かえって眠れない状況を想像してしまい、現実でも眠れない状況を作ってしまうわけです。

ちょうど、「梅干しのことを想像してはいけない」と言われて、想像しないようにすればするほど、口の中がすっぱくなる、あの状況に似ています。「想像してはいけない」と言っている時点で、もう立派に想像しているんですよね。

まあ、梅干しのすっぱさを感じるくらいならいいんですが、眠いのに眠れないとか、緊張しないようにと思ってかえって緊張してしまうというのでは、それこそ本当に疲れてしまいます。

じゃあ、本当に寝たいときは、どうすればいいか？　どういうときに人は眠りに就きやすいかを想像すればいいんです。

皆さんも経験ありませんか？　寝てはいけない、という状況ほどかえって眠くてしょうがないこと。

僕も、サラリーマン時代にそういう経験をしょっちゅうしてました。たとえば、会社の偉い人たちがずらっと並んだ会議の席とか、通勤電車の中とか。要するに、「寝てはいけない」と意識するときほど、人はかえって眠くなるんです。


「○○してはいけない」

「○○しなければならない」


というのは、いわばネガティブな願望ですから、これをできるだけポジティブな願望に切り替えるというのは、とても重要なことです。

つまり、「○○しなければならない」ではなく、「○○したい」に変えるのです。

ただし、ポジティブな「〇〇したい」であっても、それをあまりにも高い目標や遠い将来の夢にしてしまったら、結局は同じことです。

たとえば、

「いつかお金持ちになりたい」

というのは誰でも掲げそうな目標です。

しかし、この目標を掲げた瞬間、「今の私にはお金がない」という言葉が頭の中を占めてしまいます。で、努力を怠れば「ああ、うまくいかない」と落ち込みますし、努力しても成果が得られなければ「ああ、うまくいかなかった」と、やっぱり落ち込みます。これでは、いつまでたっても心が落ち着くことはありません。

結局は、

「いつかお金持ちになりたい」

というフレーズ自体はポジティブでも、今すぐ願いがかなえられないのであれば、その人にとってこの言葉はネガティブです。なぜなら、それが達成されない限り、頭の中は「実現できない」＝「不幸」という考えに占められてしまうからです。

だいたい、ビジネスマンの酒呑み話ではネガティブな話のほうが盛り上がります。たぶん、現代人はほっておくとどんどん心がネガティブに向かうのでしょう。みんなネガティブだから、話題を共有できるし、酒場トークで盛り上がる。

僕はお酒を飲みませんけど、ネガティブに向かう気持ちはよくわかるんです。だって、僕自身がすごくネガティブな性格だから。そう言うと、僕をよく知っている人ほど「まさか」と言うのですが、本当です。

もし、僕がポジティブなのだとしたら、それは生まれつきの性格ではなくて、意図的に身につけた習慣だと思います。人はかんたんには変われませんからね。

じゃあ、どうやって僕がポジティブになる習慣を身につけたのか？　それがつまり、内容にもこだわった「書く」という方法です。

○○である

言葉が心や脳に与える影響は大きい。ポジティブな願望を思い描いてみよう。ただし、高すぎる目標や遠い将来の夢ではネガティブな願望に変わってしまうことがあるので注意が必要。

幸福度を増すには、ラッキー・リストで視覚化する

これを書いたら疲れにくい、元気になれる、という言葉はいっぱいありますが、ここではその考え方も含め、基本となりそうなものを紹介しましょう。

先ほど僕は、人間の脳にはやばい状況をあらかじめ予測し、それを意識する傾向があると言いました。今、この本を読んでくださっている人なら心当たりがあるんじゃないかと思いますが、疲れの原因などはその最たるものでしょう。

「仕事が忙しい」

「寝不足気味だ」

「食習慣が悪い」

「何かの病気にかかっている」

「遺伝のせいだ」

これらが本当かどうかはこの場合問題ではなく、そうやって脳が勝手に疲れる原因の理由集めをしてしまうということが問題。だから、こういうネガティブな言葉の数々で脳が占められる前に、よりよい言葉をインストールしていけばよいのです。

とくに僕が日ごろから実践していて、人にもおすすめしているのは「ラッキー・リスト」。文字通り、自分が最近、「ラッキーだな」と思えたことを書き連ねていくわけですが、そう言われるとたいがいの人は、「最近、悪いこと続きで、ラッキーな話なんかないですよ」、なんていうことを言います。

でも、本当にそうでしょうか?

「ラッキーなことなんて何もない」と言う人は、会社で昇進して収入が上がったとか、宝くじで1等が当たったとか、それくらい大きな出来事を連想しているんじゃないかと思います。

そうではなくて、もう少し小さなラッキーでいいのです。そう考えれば、ラッキーって、実はいろいろあるんですよね。

たとえば、

「北海道から新鮮なジャガイモが届いた」

「雨がやんで、気持ちの良い晴れ間が広がった」

「道を歩いていたら、とても綺麗な花が咲いていた」

「今日も心臓が動いている」

どうです？　これくらいのことであれば、「あるある！」ってなるんじゃないでしょうか。

実は、この中の最初に挙げた「北海道から新鮮なジャガイモが届いた」は、ある人に実際ラッキー・リストを考えてもらったときに出てきた話なんですが、これが出るまでにもけっこう時間はかかっています。それだけ人は、ふだんこうしたラッキーを忘れているものだし、わざわざ「書く」という手続きを踏まない限り思い出さないということです。

これを逆に考えれば、書くことでラッキーを思い出すことができるし、場合によっては自分にも盲点だったラッキーを発見することだってできるかもしれないのです。

いうなれば、これ、ラッキーの「見える化」です。

書くことでラッキーが視覚化され、反芻《はんすう》するからそのときの幸福感が繰り返される。

幸福感が繰り返されるから、幸福度がより深まる。

幸福度が深まれば、心と体のチューニングが合って、疲れにくくなる。

という構図です。

本当のことをいってしまえば、べつに「書く」ことにそこまでこだわらなくても、軽い運動だって、友だちとワイワイやるのだって、それがその人の心と体に気持ちよく作用するのであれば、なんだってかまわないのです。

ただし、人は今まで習慣化してこなかったことは、なかなか持続させることができません。いきなり「完全に疲れ切る前に気分転換を図ろう」と言われて、そのときは「うん、そうしてみようかな……」と、たいてい誰でも思うものです。

でも、実践し続けられる人は稀《まれ》でしょう。かんたんにそうすることができるくらいなら、はじめから深刻な疲れなど感じてはいないはずです。

かくいう僕も、ただ漫然と生活していただけでは、深刻な疲れを感じる前に身の回りの環境を整えようという発想は生まれなかったでしょう。

人の性格はそうかんたんには変えることができません。

だから、書いて、心身の健康に必要な部分を伸ばすのです。

幸せの見える化

「ラッキー・リスト」は日ごろ忘れがちな小さい幸福感を目に見えるようにし、反芻することで幸福度を深める、とっておきの魔法。幸福度が深まれば、心と体のチューニングが合って疲れにくくなる。たとえば、「北海道から新鮮なジャガイモが届いた」。これって、すごくラッキー。

手に取るとわくわくできる筆記具さえあれば、いつでもどこでも書いて癒される

筆と墨を使って書くのは、最高にゆとりが持てる素晴らしい行為です。

そのぶん、準備に手間暇はかかります。

僕は書道家ですから、そのための準備に時間を惜しみませんし、むしろその時間こそがとても大切なものであることは前にも述べた通りです。

でも、「忙しい現代人には、そこまで手間暇をかけるのは無理」と思う人もいるかもしれません。

そういう意見に対しては、また別の意見も僕にはあるのですが、といって、時間がとれるようになるか、書道の道具をそろえられるまでは書くべきではない、などということはもちろんありません。

そういう人は、かならずしも筆と墨でなくても大丈夫です。

思い立ったが吉日で、たった今から実践するためにも、道具はなんだってよく、極論すればチラシの裏にペンで書いたっていいのです。

ただし、できることなら心がわくわくする筆記具を用意してください。

僕は「わくわく」という言葉が大好きで、「湧く湧く」と書くこともできますし、そう書けば、何だか活力やアイディアが湧いてくるような気がするんです。たとえば、手によく馴染《なじ》むボールペンとか、デザインの素敵なノートなどがあれば、つい「書きたい！」という気持ちになってきます。

書くときの場所によってもわくわく感は当然違ってきます。自宅でも構いませんが、いつ行っても心が和《なご》む行きつけのカフェで書いてみる、緑が多い公園に行って書いてみる、なんていうのも、わくわくの上に癒し効果も加わって、さらに「湧く湧く」が倍増しそうですよね。

僕は熊本で生まれ育ったのですが、よく親に阿蘇の湧水に連れていってもらいました。その泉の透明な美しい水を見て、幼いころから癒されてきました。僕にとってのわくわくは、その泉のように、永遠に静かに、しかし力強く湧き続けるエネルギーのイメージです。

わくわく＝湧く湧く

「わくわく」は活力が湧く、アイディアが湧く、という意味で「湧く湧く」に通じる言葉。この感覚を忘れないように、好きな筆記具、好きな場所で「わくわく」と書いてみよう。

疲れないために「書く」と「散歩」を組み合わせる

書くという行為は室内で行うべきもの、という常識にとらわれる必要もありません。

書道にしたって、座敷で正座して書くのはあくまでひとつの伝統的なスタイルにすぎず、書きたいときはどこで書いてもかまわないのです。

環境を変えて文字を書くことで、窮屈な常識から解放され、文字を書く楽しさを感じることができます。

皆さんの中には、疲れをとる方法として散歩を取り入れているという人も多いんじゃないでしょうか。

もし、散歩をする習慣なんてない、という人がいたら、「書く」ということと関連づけて、ここでぜひおすすめしたいと思います。軽い散歩をすると、目の前の環境が変わったり、適度な運動になったりして、ストレスや疲労が軽減されるのは科学的にも証明されています。

これに、先ほどの「書く」ということを合わせて行えば、一石二鳥というわけです。

たとえば僕だったら、海の近くに住んでいるので、自然のエネルギーをもらいに海辺を散歩するときなど、絶好のチャンス。

こういうときのために筆記具を携帯するのもいいのですが、せっかく海まで来ているんですから、その場所ならではの書き方を楽しみたいものです。

砂浜をぶらぶら歩いていると、たいてい砂地の中に手ごろな棒きれが埋まってたりするんですよね。波に洗われた砂地に棒きれさえあれば、そこは立派な自由書の舞台です。

そこに書く言葉は、心に自然と湧いてくるものでＯＫ。天気の良い日の砂浜は、とても開放的な気分にさせてくれますから、きっと、机と向き合う「書」とは違ったイメージが湧いてくることでしょう。

たとえばこういうとき、僕なら、砂浜から無限に広がる海に向かって、大きく「夢」という字を書くんじゃないかと思います。それか、開放的な気分を表わして「開く」や「あそぶ♡」なんかもいいですね。

裸足《はだし》になって、風を感じ、海の匂いや風景を味わう。つまり、五感を研ぎ澄ませれば、枠にとらわれない遊びのような感覚で「書」を楽しむことができます。

あそぶ♡

散歩をして、疲れを解消。五感を使って、自然からたくさんのエネルギーをもらう。「書く」という行為を枠にはめず、その場にあるものを使ったり、思いついた文字を書いたり、自由に楽しもう。

石や鳥の羽根、小枝を使って、書く楽しさを広げてみよう

春や秋の季節なら、公園に落ちているものを使って文字を書いてみるのもいいですね。

自然の中には、石や鳥の羽根、小枝や葉っぱなど、文字のパーツになる素材がたくさん存在します。

「書」といえば、筆記具を使って（たとえそれが木の棒や地面でも）さらさらと書いていくものだというのは、常識に縛られた考え方です。今挙げたような自然のものをいろいろ組み合わせていくと、立派な文字ができあがりますし、立体的に表現できますから、文字の構造の勉強にもなります。

しかし、疲れをとるという観点からここで一番大切なのは、やはり遊び心で

しょう。

偶然見つけた小枝が、何かの漢字の一画に似ていると感じたら、それにほかの枝や葉っぱを組み合わせ、バランスをとりながら完成させていく。そういうやり方で僕は以前、かわいらしいタレ目の顔みたいに見える「空」という字を書いた（作った）ことがあります。

すでに形あるものを使って文字作りをするというのは、本来ひとつの制約ですが、そこで「うかんむり」をした形の小枝を見つけ、それをさらに「空」という字につなげたのは、そのときの気分が穏やかで開放的だったからだと思います。「空」という字を連想させたのは、決して偶然ではなく、心のチューニングがそういう言葉の意味や響きとぴったり合った結果なのです。

ほかに、僕の書道教室でもよく行っている方法として、粘土を使って文字を作るというのもあります。

この方法は、何度でもやり直しがきくので、失敗すらも楽しめてしまうのがメリット。粘土文字は、細部まで観察できるので、どこにどう注意すればよいのかに気づきやすいなど、筆を使って書く方法にも応用がききます。

遊びで書に親しもうという人から、本格的に書道を続けたいという人まで、広くおすすめです。

心のチューニング

自然のものを使ってこそ、書ける文字がある。疲れた心に大切なのは遊び心。偶然見つけた小枝や葉、鳥の羽根、浮かんだ言葉が、あなたのそのときの気分にぴったりはまるかもしれない。

第二章

「言い方」を変えるだけでも疲れはとれる

幸せそうな言葉を発するだけで、人生は圧勝

　前章では、「書く」という行為の癒し効果から、そこに書き表わされる内容＝言葉の持つ疲労回復効果までをお話ししました。僕は書道家ですから、皆さんに「書く」喜びをぜひ味わってほしいと思っていますが、だからといって、無理に書道の形式にこだわってほしいわけではないんです。

　もちろん、これを読んでくださったことがきっかけで書道を始めてみようと思っていただければ嬉しいんですけど、本書の目的は「書く」ことではなく「疲れない生き方を見つける」ことですから、忙しいとか、なかなか書くシチュエーションが作れないとかいう人にも、言葉の力を利用してなんとか疲れない生き方のヒントが見つかるようにしてあげたい！　という気持ちがあります。

そこで、この章では、「書く」ことと同じくらい「疲れ」に効く「言い方」についてお話しすることにしましょう。

皆さんは、「言霊《ことだま》」ってご存知でしょうか。

僕たち現代人が先人の知恵から学ぶことって多いな、と思うことのひとつが「言霊」です。「言霊」とは、日本人が古くから信じている、言葉に宿った霊力のことなんですが、これがただの迷信ではない証拠に、声に出した言葉が本当に自分の体や現実の出来事に影響を及ぼすんです。

疲れないようにする、もしくは疲れをとるための「言い方」というのは、まさにこうした言葉の霊力の応用だと僕は思っています。

たとえば、僕はタクシーに乗っているとき運転手さんとお話しするのが大好きなんですが、あるとき、とても疲れた顔をしている運転手さんに会いました。これは僕が京都に出かけた際の出来事です。

僕が運転手さんに、「最近どうですか？」と聞くと、こう返ってきました。

「……タクシー運転手の仕事なんて、つらいことだらけですよ。近ごろは景気の良い客も少ないし、かえってタチの悪い酔っ払いとか、変な客に嫌な思いをさせられることのほうが多いですね」

このあとも、その運転手さんは延々と「つらい」「大変」「最悪」といったネガティブ・ワードを繰り返していました。気がつけば車内はタバコ臭いし、ラジオは音が大きい。「あぁ、大変ですねぇ」と共感して降りました。

その帰り道、今度は別のタクシーに乗りました。すると、行きに乗ったタクシーとは、運転手さんの雰囲気も車内の雰囲気も全然違うではありませんか。

「私はかれこれ40年ほどタクシーの運転手をしているんですけど、クルマの運転って、本当に飽きないし、疲れないですね。好きなことって、お金を払ってでもやりたいじゃないですか。なのに、タクシーの運転手なら、好きなことをしておまけにお金までいただけるんですから、こんなラッキーなことないですよ。嫌なお客さん？　うーん、私は会ったことないですねえ。どなたも〝ありがとう〟〝快適だった〟と喜んでくださる良いお客さんばかりで、こちらこそ気持ち良くさせていただいています」

同じ京都で、同じタクシーに乗るというシチュエーションなのに、この違い。こちらの荷物を持ってくれるときの気遣いはいやらしくないという意味でも完璧で、車内には心地よいＢＧＭのジャズが流れ、ほのかなアロマの香りも漂っています。「ラッキー」「ありがたい」「楽しい」という言葉を繰り返すその運転手さんの語り口が、車内の雰囲気そのままなんです。

こうした出来事に遭遇すると、人生って、つくづく職種では決まらないというのがわかります。

たぶん、最初は、ちょっとした差なんです。仕事が大変なのは、誰でも一緒のはず。最初の運転手さんは、それをそのまま「つらい」「大変」「最悪」というネガティブな言葉で捉え、盛んに口にしました。

一方、帰りに乗ったほうの運転手さんには、「ラッキー」「ありがたい」「楽しい」とポジティブな言葉があふれています。

ネガティブなことを言えば言うほど、大変さが身に沁《し》みてどんどん疲れてくるし、ポジティブなことを言えば言うほど、活き活き、潑剌《はつらつ》。どうやら、こうしたそれぞれの習慣の違いが、そこに集まってくるお客の違いにもつながっているみたいなんです。

しかも、たいていの人は環境の良い場所に自分の身を置きたいので、売り上げの面からいえば、とうぜん活き活きしたタクシーの圧勝です。一日の売り上げが良ければ、残業をしたり休日返上で働いたりする必要もありません。

皆さんもだまされたと思って、今からできるだけ「幸せ」そうな言葉を発するように心がけてみてください。自分のマインドが整い、周囲の環境が良くなって、そのぶん疲れる要素がグッと減ってくるはず。これが現代の、言霊の力だと僕は信じています。

言霊のカ

ポジティブ・ワードを口にするだけで、疲れる要素が減って、あなたの環境もあなた自身も変わる。それが言葉の持つ力。今から早速、幸せそうな言葉を言うことを習慣にしてみよう。

僕がどんなにしゃべっても疲れないのは楽しい話だけ

僕は、何時間しゃべっていても疲れません。ただしそれは、自分が本当にしゃべりたいことに限ります。

ここ数年、講演会のお仕事を頼まれることが多いのですが、これは最初から「自分の得意なテーマでしゃべってよい」と言われていることなので、本当にしゃべりたいことの最たるもの。

だから、しゃべればしゃべるほどこちらは興が乗ってくるし、こちらの興が乗れば乗るほど、お客さんも面白くなってきて熱心に耳を傾けてくれます。お客さんと気を合わせるのも楽しいのです。

こういうときは、本当に疲れない。言葉は滔々《とうとう》とあふれ出てきますが、心の中はとても穏やかな状態です。立ちながらしゃべっているわけだから、体力は使っているはずなのに、疲れないどころか元気にさえなってきます。

適度な興奮状態は、休んでいるとき以上に心も体も休まるのだと、僕は経験からはっきりと確信しました。

楽しいこと、興味のあることをしゃべるって、そういう意味からも疲れをとるのに効果的なんです。

これは講演会という割と大きめなイベントでの経験ですが、シチュエーションの違いは、もちろん関係ありません。

友だちや家族と休日に楽しく語らうのだっていいし、なんなら、独り言でもそれが楽しいのであれば、きっとその人にとっては良いチューニングが得られるでしょう。

もうお気づきかもしれませんが、僕はとくにしゃべり上手というわけではないんです。

緊張しいで、実はプレッシャーにも弱い。

しゃべることで疲れず、かえって元気になるのは、しゃべる内容が自分にとって得意な分野であり、楽しいことだからと僕は言いました。

ということは、逆に、疲れるしゃべりというのもあるわけです。

僕にとっては、そのひとつが結婚式のスピーチ。なぜ疲れるかというと、自分のペースで話せないからです。

失礼なことを言っては絶対ダメ、というのがあるから緊張します。とうぜんこの緊張は、心地よい興奮を誘うものではなく、「失敗したらどうしよう……」という不安を誘うものなので、聞き手とのチューニングが合わない。そのマイナスな波動（バイブレーション）が伝わってくるから、さらに緊張。結果的に疲れるというパターンです。

結婚式だけでなく、自分の講演会でもゲストを迎えたときなどは急に疲れを感じることがあります。自分のペースで話すことができないからです。最近はゲストを迎えても、自分のペースと相手のペースを合わせられるようになったので疲れなくなりましたが。

また、先日の結婚式のスピーチでは、これまでの反省を生かして、自分と場のチューニングに成功し、うまくいきました。

ある程度年齢を重ねて、うまく力を抜きながらゲストの方とチューニングを合わせるだけの余裕ができたということなのでしょう。

このことからも、プレッシャーを少なくして、気楽に構えたほうがいろんなことがうまくいって疲れないということがわかります。

ポジティブなことを口にするのは大事ですが、同時に聞き手とのチューニングが合うように雰囲気作りをすることも必要なんです。ポジティブなことを口にしようと心がけるときは、相手の反応を見たり、逆に相手からポジティブな話を引き出して一緒に楽しんだり、そういうところも含めて心がけてほしいと思います。

ペースをつかむ

仲の良い友人と会って、お互い好きなことの話をしている。こんなときは何時間たっても全然疲れない。これは、あなたと相手のチューニングが合っているということ。相手の反応を見て、自分のペースで話せるようになりたい。

疲れない人から学んだ口癖「私、あまり疲れないんですよね」

人にはいろんな口癖があります。そして、口癖には、ときにその人の生き方や考え方が無意識のうちに反映されています。だから僕は、人の口癖を心に留めて、なぜそれがいつも口をついて出るのか探ってみたくなるんです。

僕が最近聞いた口癖は、ある知り合いの編集者さんによるものでした。

その人の口癖は、

「私、あまり疲れないんですよね」

というもの。

それだけなら、よくいるエネルギッシュな人かと思うでしょうが、その人はそうじゃないんです。むしろマイペースのおっとり型で、傍目《はため》にはそれほど頑張っている感じはしません。

それでいろいろと話をし、観察してわかったのは、その人は一般的な意味での疲れない体質なのではなくて、疲れる前に休んでしまうから、本当の意味で疲れることがなかったのです。

突き詰めて考えれば、むしろほかの誰よりも疲れやすい体質とさえいえるかもしれません。

ただ、ほかの人と違うのは、本当に疲れるまでは頑張らないというところ。これがエネルギッシュな人だと、頑張れるだけ頑張って、最終的にはエネルギーが枯渇するまでいってしまうタイプが多いように思います。

枯渇型の人が好きな言葉は、「元気をください」「元気をもらいました」ですね。最近はテレビなどでもよくこの言葉を耳にしますから、たぶんそれだけ日本人が枯渇型に大きく傾いて、実際に枯渇してしまっているのかもしれません。

先に述べた編集者さんは、自分の生活リズムを的確に把握し、心と体が発する小さな声に、きちんと耳を傾けている人なのでしょう。

それって、すごく大切なことだと僕は思います。

ペース(波)がつかめていないのに元気を出そうと自分を鼓舞するのは、今は遊びたくないのに無理やり遊びなさいと家の外に出された子どもみたいなもので、元気に駆け回れるわけがありません。

皆さんのまわりにも、「私、疲れないんですよね」と頻繁に口にする人がいたら、その人の行動パターンを思い起こしてみてください。もしかしたら、疲れる前に自分の中の小さな声に耳を傾け、ほどよいペースを保つのが上手な人かもしれないのです。

ただし、そういう人は努力を怠っているわけではないんです。いつも一定の範囲で、一定の努力をしているから、いかにも頑張っている人と比べてちょっと怠けているように見える場合もありますが、長距離ランナーとしてはこちらのほうがはるかに優秀である可能性が高いのです。

ちなみに、これを反対に「私、疲れやすいんですよね」としても、決して無理しないという意味で使うなら、同じ言葉になるでしょう。

いずれにしても、口癖はその人の行動パターンや考え方を決定するほどの影響力がありますから、意識して口癖にすることで、逆に自分のリズムを一定に保つ手段にすることもできると思います。

口癖が人を作る

何気ない口癖が考えや行動を決定していることがある。生活リズムが整うように、心と体に耳を傾けて、口癖を意識してみよう。疲れてしまう前に、自分に合った、ほどよいペースとリズムを見つける。

「ばたばた」は「てきぱき」に「ごつごつ」は「こつこつ」に言いかえる

「どうですか、最近？」

「いやあ、このところなんだかばたばたしちゃって……」

といえば、仕事でおつき合いのある人同士のよくある日常的な挨拶です。「どうですか？」と聞かれると、無沙汰の言い訳なのか、暇そうにしていると思われるのが嫌なのか、多くの人がこんな風に答えますよね。

いつでも同じような答え方をするところをみると、内容自体にはさほど意味はないのかもしれません。けれども、自分で「ばたばたしちゃって……」といった途端に、本当にばたばたした気持ちになってしまうのが人間の厄介にして面白いところ。まあ、本当にやることが多くて、「ばたばた」と言いたくなる人も中にはいるでしょう。

しかし、そう言えば言うほどに自分を「ばたばた」のシチュエーションに追い込んでいくのが言葉の魔力です。

第一に、「ばたばた」という言葉の響きがいかにも疲れを助長しそうじゃないですか。モノがあっちこっちにぶつかって、コントロール不能に陥った感じが濁音の繰り返しによく表われています。

もちろん、忙しくて目が回る状況は誰にだってあります。でも、そんなとき僕なら「ばたばた」とは言わず、もっと別の言い方を考えますね。

たとえば「ばたばたする」の代わりに「てきぱきする」なんてどうでしょう。これなら、同じ忙しいシチュエーションが、あっちこっちにぶつかって不快な音を立てる様子から、処理や対応がスムーズで歯切れよくことが運ぶ様子に変わります。同様に、「すらすら」もいいですね。

これは忙しいときの言い方を変える場合ですが、言い方ひとつで印象が変わる言葉は、ほかにもいろいろあります。

「ごつごつ」といえば、表面がなめらかでなく、でこぼこした様子のことですが、濁音をとって「こつこつ」といえば、ゆっくりと歩いていく様子を思い浮かべます。ごつごつしたところを歩くのは大変ですが、こつこつと歩くのは10年、20年と続けられそうです。

そういう言葉の響き自体がごつごつと比べてかわいらしい感じがするのは、決して偶然ではないでしょう。

僕が「こつこつ」という言葉が好きなのも、それがマイペースのリズムで生きることを心がけている僕自身の気分をぴったり言い当ててくれているからだと思います。

そんな僕だから、書道教室の生徒さんたちにも長く書と親しんでほしくて、一回に書く枚数をあまり多くしすぎないようアドバイスしています。何度も書いていると集中力が切れて、書いても書いても上達することはないから、結局は時間と労力の無駄になるんです。

一日100枚書くよりも、じっくり取り組み、集中して書いた一枚を大切にする。これは書道の場合ですが、なにごとも長続きさせるには、だらだらとやるよりも短い時間に集中してやることがコツなのです。

元来、日本人はこつこつ続けていくことが得意な国民ですよね。創業100年以上の長寿企業が数多く存在する日本の実業界は、世界中からも注目されているほどです。そして、そうした企業の多くは、ほどよい生産ペースで、お客さんとの間合いをほどよく保ちながら商いを続けています。

ちゃんとこういう成功例が身近にたくさんあるんですから、学ばない手はないと思います。

てきぱき、こつこつ

似たような動きでも、言い方ひとつで印象は変わる。たくさん練習することでうまくなることもあるけれど、むやみにやってもしょうがない。じっくり集中して力を発揮したほうが、時間も労力も無駄にならない。忙しいときにはてきぱきと、物事にはこつこつじっくりと集中して取り組もう。

「気合」は本来「気を合わせる」こと。心と体のシグナルに気づく

「気合だー！」

と、いえば、レスリング元世界チャンピオン浜口京子選手のお父さん、アニマル浜口氏の合い言葉ですね。一般の人たちの間でも流行《はや》っているみたいですが、あれはオリンピックに出場するほどのトップ・アスリートに言うから有効なのであって、われわれが日常のシチュエーションの中で使う際にはちょっと注意が必要です。

もちろん、流行語のひとつとして楽しく使うぶんにはなんの問題もありません。ただ、その言葉がもともと持っている意味を勘違いしているのであれば、そこははっきりさせておくべきでしょう。

最近あちこちで使われている「気合」は、血管が浮き出るほどの力をみなぎらせて、やる気を高める際の掛け声、というほどの意味でしょう。

しかし、本来の「気合」は、「呼吸」や「息」とほぼ同義。合気道でいうところの、相手の気に自分の「気を合わせる」、というのがもともとの意味なのです。

つまりは、僕がいつも言っている「チューニング」と同じです。

オリンピックに出場するトップ・アスリートが試合前に精神を集中し、最大のパワーを瞬間的に発揮するときの「気合だー!」は、それがトップ・アスリートにとって必要なチューニングだからであって、アスリートではない普通の人が日常生活の中で血管が浮き出るほどの力を込める必要はないし、仮にそんなことをやろうとしたら、あっという間に体力と気力が尽きて回復するまでに長い時間がかかることでしょう。

これから大事な仕事があるとか、大学受験が間近にひかえている、などという人が大一番《おおいちばん》に向けて「気合」を込めたくなる気持ちはわかります。

また、たしかに頑張れば、そのときはそれなりにうまくいったりするので話がややこしいのです。けれども、その状態がずっと続けられるわけじゃない、ということは知っておくべきだと思います。

そして、「気合を込める」のではなく、「気を合わせる（＝チューニングする）」。この場合でいえば、気持ちや体調が乗っているときは集中して頑張り、少し落ちてきたなと感じたら、自分の心と体が発するシグナルを敏感に読み取り、きっぱり休むということです。そういう意味での「気合」なら、どんどん実践するべきですね。

深い呼吸とリラックスを意識した気合をおすすめします。

気を合わせる

「気合」は呼吸や息と同じで「気を合わせる」ということ。自分自身の体や心をチューニングするのも、とても大切なことのひとつ。今、どんな状況なのかシグナルを感じ取り、頑張るときか休むときかを判断する。

第三章

疲れないための おすすめの言葉

生活編

「元気」は疲れ知らずの基本ワード

これからさまざまなシチュエーションごとに、疲れに効くおすすめの言葉を紹介していこうと思うのですが、その中でも基本中の基本。疲れに効くといえば、まずこれでしょう！　という言葉が、「元気」です。

「元気」

という言葉を普通の状態で見たり聞いたりしたとき、いやな気持ちになる人はいないと思います。意味は、心身の活動の源となる力、あるいは体調が良くて健康であること。元気とは「元《もと》の気」と書きます。無理に気を引き上げるのではなく、元の気に戻る、というイメージです。

元気？　といえば日常的な挨拶で、それだけ生活に必要な基本ワードだということもわかりますが、ここでポイントになるのが、「元気ですよね？」という念押しでもなければ、「元気になりなさい」という命令口調でもないところです。つまり、決して元気であることを押しつけてはいない。

押しつけられるとかえってそこから離れたくなってしまうのは、子どもが勉強しなさい！　と言われたときと同じです。あくまでも本人の自主性に任せるというスタンスで接すると、じゃ、そうしてみようかなっていう風になる。この場合でいえば元気でいようかな、という気持ちになるというわけです。

だから、アントニオ猪木さんもお馴染みのビンタ・パフォーマンスをする前には「元気ですか！」と問いかけ口調。矢沢永吉さんがよく口にする「アー・ユー・ハッピー？」が問いかけ口調なのも、考え方はまったく一緒でしょう。問いかけ口調ってポジティブだし、すごくかっこいいんです。

手紙の書き出しも「お元気ですか？」ですし、英語で「元気ですか？」は「ハウ・アー・ユー？」で、どちらもやっぱり問いかけ口調ですね。言葉の力が世界共通のものであることを、こういうところからも感じ取ることができます。

さて、挨拶のことはそのくらいにして、「元気」の類語についても見てみましょう。元気の類語はたくさんありますが、なかでも僕のお気に入りは、

活き活き

ピチピチ

潑剌

パワー

エネルギー

等々。どれも音の響きが、いかにも元気になれそう！　って感じがしませんか？　とくに繰り返し言葉の「活き活き」や「ピチピチ」は、生命力が脈打って跳ねている感じがよく出ていると思います。体がちょっとだるいな、と感じたときなどに、これらの言葉を書いて脳に再インプットしておきましょう。

元気

疲れに効く言葉の代表格。力の源になる言葉。ただし、ポジティブな言葉だからといって、押しつけは禁物だ。自分に対しても相手に対しても、「?·」をつけて問いかけ口調で使いたい言葉。

「息」という字は「自分の心」。体がだるいときは息を整える

寝てもダメ。栄養をとってもダメ。といって病気をしているわけでもない。原因がはっきりとしない疲れは対処しにくいものです。

そんなとき、僕が実践しているとっておきの方法を伝授しましょう。

キーワードは「息」。呼吸のことです。

はっきりと呼吸を意識するようになったのは、2011年に胆石を患い、体調も心も落ち込んだのがきっかけです。深呼吸の質の向上と量を増やしたことによって体調が一気に回復したのですが、これははっきりしない疲れにも即効性のある方法です。誰でも深呼吸をすると心がリラックスして、体から無駄な力が抜けていくのがはっきりとわかるはずです。

「息」という字を分解すると、「自分の心」と読めますね。心を整え、肉体のバランスにも作用するヨガの呼吸法は、これをひとつの体系的な方法にしていますが、僕はそれをもっと自然なかたちで実践しているともいえるでしょう。

自然な呼吸には、書道の筆づかいを安定させる効果もあります。以前、NHKの「息」に関する特別番組が特殊な装置を使って、僕が字を書いているときの呼吸を測定したら、とても安定した数値が出たのも決して偶然ではありません。

呼吸が安定しているから全身から無駄な力が抜けて、筆の運びもなめらかになる。だから、書道教室の生徒さんたちを指導するときも、緊張しないよう、まずは呼吸を楽にしてくださいとアドバイスしています。

疲れたから息を深くするのではなく、深い呼吸で毎日の仕事や家事に取り組むのです。通勤時、大事な会議の前、家事がたまっているときなどに試してみると、効果がよりはっきりと表われるはずです。

息をはく

深呼吸は心と体のバランスに作用するので、原因がわからない疲れにも効果的な方法。軽く目を閉じ、「ふーっ」と息を吸って、はいてを繰り返してみる。安定した呼吸は体から無駄な力を抜き、自分の心を整え、疲れをとってくれる。

感謝リストを心の中で読み上げるとよく眠れるようになる

夜、眠れない原因の多くは、その日一日の出来事を反芻したり、明日やらなくてはならないことを考えてしまったりして、後悔や不安に襲われることにあります。ネガティブな精神状態で布団に入っても寝つけないのは当然で、睡眠の質も悪くなりますから、睡眠の時間が短いこと以上に質の悪さで疲れを感じるケースが多いようです。

そういう僕だって、明日のことを真剣に考えたら、質の良い眠りなんて望めません。そこで、ここ10年くらいの間クセをつけているのが、布団に入ってから感謝リストを心の中で読み上げること。

感謝にはいろいろな効用がありますが、ここで大事なのはネガティブな精神状態をポジティブに変えることです。

つらいことばかりで感謝したいことなんてない、という人、それは感謝というものをあまりに大きく捉えすぎているだけなんです。今、自分がこの世界に生きているのは両親をはじめとするご先祖がいてくれたおかげ。バランスのとれた食事がとれて、温かい布団で眠りに就くことができるのは、配偶者のおかげ。

僕は寝る前以外でも感謝するのが大好きで、書道教室に通ってくださる生徒さん、仕事で会った人たちからいっぱいいろんな刺激を受けたり、面白い情報をもらったりしたことにも感謝するし、お風呂上がりにさっぱりと濡れた体を包んでくれるバスタオルにだって、いくら感謝してもし切れないと思っているくらいなんです。

感謝することを挙げたら、それこそ何時間だって過ごせてしまいます（笑）。でも、実際は感謝しているうちに心が穏やかになって、たいてい心地よい眠りに就くことができますから、そんなに長い時間感謝を続けるわけでもありません。

僕がどんな枕や布団でも、どこででも眠れるのは、間違いなく直前に感謝の言葉をイメージするからなんです。

それから、僕の布団の中は「感謝装置」になりました。

感謝

寝る前に読み上げる感謝リスト。心を穏やかにし、心地よい眠りに導く方法のひとつ。一日を終えたら、たくさんの人、もの、ことに「ありがとう」の気持ちを伝える。今夜あなたは誰に感謝をしながら眠りに就きますか。

「心配」を「心配り」に変えると余裕が生まれる

僕は今フェイスブックのコミュニティ上で双雲塾という塾を開いて、参加者の皆さんと人生をよりよく生きるための対話やワークショップを行っています。そこで行ったワークのひとつに、「心配をしない」というのがあります。

やり方はかんたん。参加者にはまず「心配リスト」を挙げてもらいます。

たとえば、

健康
仕事
お金
身内

といった心配ごとがあなたの中にあるとしましょう。どれも、生活に直結した心配ごとで、真剣に考えたら本当に憂鬱になってきそうです。

だからこれらリストに挙げた心配ごとを、そっくりそのまま「心配をしない」リストに置き換えるわけですが、もちろんただそうしろと言われてできるものではありません。

そこで、書道の素晴らしさを日ごろから実感し、その素晴らしさを一人でも多くの人に知ってもらいたいと思っている僕が提案するのは、日本語の微妙な表記の違いからくる言葉への気づきです。

「心配」という漢字に、送り仮名をつけると「心配り《こころくば》」と読めます。「心配」の意味は、物ごとの先行きを気にして心を悩ますことで、類語には危惧、不安、心労、気苦労、憂いなどがありますが、いずれも目にしただけで心身の波動が低くなってきそうなものばかりです。

では、「心配り」はどうでしょう。

この言葉にはネガティブな意味はなく、類語には心遣いや配慮といった言葉が並んでいるように、「心配」のニュアンスに含まれる余裕のなさは感じられません。「心配」は過保護という名のエゴにすぎず、誰かのためにする配慮ではなく、常に自分の利益に目が向いているために余裕のなさを生むのでしょう。「心配り」の類語である「心遣い」に、「思い遣《や》り」と同じ字が使われていることからも、そのニュアンスは明らかでしょう。

心配するのではなく、心配りをしていれば、結果や成果に振り回されることもなく、いろんな視界が一気に開けてきます。

たとえば、僕や一緒に仕事をしている出版スタッフの人たちと、この本が売れるかどうか考えたらみんな心配で気が休まるヒマがありません。

でも、「これはすごく良い本に仕上がったから、絶対読者に読んでほしい！書店の販売スタッフの皆さんにも自信をもって店頭に並べていただきたい」と思えたら、それは心配ではなく、読者、書店に対する心配りであり、そのための努力として装丁や判型、お店での置き方などの工夫を僕らも一生懸命考えるでしょう。

心配ごとが多くて自分が調子を落としていると感じている人は、「心配」を「心配り」に変えてみてください。心が軽くなって、その問題に積極的に関わる気力が湧いてくるはずです。

心配り

自分だけに目を向けた「心配」に「り」をつけて、まわりに目を向けた「心配り」に変えてみる。誰かの喜ぶ顔が見たい、うまくいってほしいという気持ちが気力に変わり、結果や成果だけがすべてではなくなる。

仕事編

他人の評価が気になって疲れるときは、「不動心」でぶれない心を作る

「不動心」。他によって動かされることのない心。動揺することのない精神。《大辞泉》

生活編のところで紹介した「息」あるいは「呼吸」を整えることと関連した言葉です。

不動心なんていうと、剣や武道の達人の境地みたいですけど、むしろ達人としての重責があるほうが、不動心を保つのは難しいみたいです。

ちょっと想像しただけで、皆さんもすぐに例を挙げることができるはず。

たとえば、サッカー・ワールドカップのＰＫ戦。４人目まですべてＰＫを決めていて、最後に自分が決めれば勝てるというときに、外してしまうというシーン

を我々は何度も目撃しています。プロのサッカー選手なら何度も練習し、ふだんなら絶対外さないPK。よりによってワールドカップの試合で外すのはなぜかといえば、まさに「決めなきゃいけない」「外したらまずい」というプレッシャーがあるからです。体を動かしているのは、脳を中心とする中枢の命令系統なので、ここがプレッシャーを感じてしまえば、そこから伝達される命令はガタガタ。いくら体がちゃんと動きたくても、命令系統がおかしいのですから絶対無理です。

「他人の評価が気になる」
「お金を稼がなくちゃならない」
「仕事で失敗するのが怖い」

こうしたプレッシャーは、感じれば感じるほどに心が体にブレーキをかけてしまい、かえって逆の結果を招くことが多いんです。いくら頑張っても心のブレーキのせいで成功しない。成功しないから疲れだけが残ります。

僕だって、もともとは人の評価が気になるほうだから、よくわかる。そうなると、途端に筆の運びが乱れてしまいますね。

僕の場合は親の育て方に助けられたところはあります。僕が何をしても、一切モノサシで測《はか》るようなことはしなかった。だから、失敗しても落ち込みようがないし、成功しても調子に乗りようがなく、自己評価もしません。人がどう思うかはコントロールの範囲外だから、そのことを気にしたってしょうがないんです。

しかし、中学生くらいからまわりの評価を気にするようになり、いろいろなことがうまくいかず、苦しみました。そこで、どうしたら力まず、うまくいくかを考え、結果、目の前のことを深く楽しみ、まわりにも楽しんでもらう、というやり方に変えました。すると不動心でいられるようになり、さまざまなことがうまくいくようになりました。

評価システムの中で生きることに疲れたら、「不動心」という文字をじっと見つめてみてください。自分がいかに外部の環境によってぶれているか、気づかせてくれるでしょう。

不動心

プレッシャーは心と体にブレーキをかけてしまう。ブレーキが成功を妨げる。最初は難しいかもしれないけれど、ひとつひとつの世界を楽しみ、自己評価も他者評価も気にしない心を保つことができたら、外部から影響を受けた疲れが軽減される。

毎日の通勤も「面白い」ニュースの宝庫

僕もサラリーマン生活を経験していますから、毎日の通勤電車がどんな様子をしているかわかっているつもりです。

住宅ローンのためとはいえ、いや、月々住宅ローンを返済していかなくてはならないからこそ、混雑率二百パーセント超なんていう電車にやっとの思いで自分の体を押し込み、何十分間もそのままの状態で目的地まで降りることができないつらさは身に沁みます。

そんな風に考えると、僕だったらとても会社へ仕事をしに行く気が起きないでしょう。

こういうとき、僕なら「なぜ通勤はつらいんだろう?」と自問します。といっても、こういうときの答えは大体一緒です。要するにただ必要に迫られて満員電車に揺られているだけで、そこにこちらから働きかけるものが何もないから、肉体的につらい以外の感覚が湧いてこないわけです。

では、そういうときどうすればいいかというと、先ほど自問した「なぜ通勤はつらいんだろう?」に対する答えに実はそのヒントがあります。こちらから働きかけるものがないからつらい以外の感覚が湧いてこないと僕は言いました。それがわかれば、じゃあ自分から通勤という行為に対して働きかけてみればいいんです。

そこで僕なら、「毎日の通勤が面白い」と言ってみます。

もちろん、すぐには「通勤電車」に「面白い」という言葉がはまりません。最初にこの言葉を言い聞かせた自分自身の反応は、パニック、あるいは混乱でしょう。

それでもいいから、とりあえず「毎日の通勤が面白い」と口に出してみてください。文字にして書けば、もっとはっきり意識できます。

この話を知人にしたら、「あ、何か通勤電車の中で面白いことができないか、考えそうになっている」と言っていました。そうなんです！　すぐには「面白い」と思えなくても、頭の中がパニックを起こした瞬間から、人はもうそのことを考え始めているのです。パニックというとネガティブな印象を抱きそうですが、そうじゃないんです。何か面白いことを考えてやろう、という意欲が湧いて、わくわくしたその興奮状態が、この場合のパニックなんです。

面白いことが見つからなくても、「何かないかな」とわくわくするだけでも成功だと僕は思っているんですが、それじゃ面白くないという人には、友人や同僚に毎日どんな風に通勤しているかをインタビューしてみるという方法もあります。

僕自身、試しにやってみたら、吊革につかまっているときの立ち方や関節の動かし方を工夫して「通勤ヨガ」というのを実践しているという人の情報をキャッチしました。それって、なんだか「面白そう！」って思いませんか？

通勤とヨガをドッキングさせてしまったというのもそうなんですが、それ以上に面白いなあと思うのは、それこそ「面白い」と口に出すことで、こうした新しいニュースがどんどん入ってくるところです。

「面白い」人生を過ごしているから面白いわけではなく、「面白い」にアンテナを張り巡らしているから、面白くなる。自分から働きかけるというのは、そういうこと。

「ええ!? まさか！」と思うようなものこそ、ニュースとしての価値は高いですよね。だから、どんな突拍子もない情報でも、とりあえず関心をもってみる好奇心も大事。「面白い」という言葉を発したり書いたりしなければマイナス、よくてせいぜいゼロの状態がプラスになるのですから、逃す手はありません。

類似語は「楽しい」「好き」ですね。気に入った言葉を選んで、面白くて楽しい情報をキャッチしてください。

「面白い」のアンテナ

つらいことを面白いことに変えてみよう。口に出したり、文字にしたりして、意識をしてみる。これまで知らなかった新しい情報が飛び込んでくるかもしれない。面白いことにアンテナを張り巡らせてみよう。

上司のモラハラ、パワハラには、自分のリアクションを変えてみる

最近はモラハラ、パワハラという言葉が浸透したために、余計に上司からのプレッシャーや叱責がストレスになっているサラリーマンの方たちが増えているそうです。言葉があるから世界が形作られると考える僕からすれば、こんな言葉があるからかえってストレスが増えるんじゃないかとも思うわけですが、風当たりの強い上司というのが存在するのも事実。

結論から言えば、上司の性格を変えることは不可能です。

友人とか妻とか、たとえ上下関係がなくても性格を変えることは不可能なのですから、これが上司ともなるとなおさら。ならば、どうすればいいのか？

他人が変わることがないのであれば、答えは明らか。自分が変わるしかありま

せん。

このとき、だからといって自分の性格を根本的に変えようとは考えないこと。そうではなくて、その上司に対してのイメージだったり、実際の会話だったりする中で使う言葉を自分が変えていけばよいのです。言葉だけなら、すぐに変えることができます。

僕がおすすめしたいのは、上司に叱責されたときの答えとして「ありがとうございます」。叱責ではなく、指導と捉えるのですね。ここでも、「叱責」から「指導」という風に、イメージする言葉を変えるという作業を行っています。

「ありがとうございます」は感謝の言葉ですが、バリエーションとして賞賛の言葉である「さすがです」もおすすめです。

厳しい上司もそんな風に言われたら悪い気はしませんから、あなたへの風当たりが少し緩くなるかもしれません。つまり自分が変わることで、初めて相手が変わる可能性も出てくるということ。職場では、こういう会話を面白がる余裕が大事ですね。反りの合わない同僚や、取引先にも応用できると思います。

あと、「面白い」という言葉も使えます。

「あの上司は嫌みだよね」とか「どうしてああ上から目線なんだ」とか「自分のミスを部下に押しつけて知らんふり。ほんとできない奴だよね」とか、ネガティブに捉えると、それに合わせて防御の姿勢をとってしまい、緊張から疲労が蓄積していきます。

しかし、これに何でも「面白い」をくっつけると、「嫌味な性格が面白い」「やたら上から目線なところが面白い」「部下にミスの責任を押しつけて面白い」となり、まるでゲームかアニメのネガキャラみたいに思えてくるから不思議です。

面白いと言っているうちに本当に面白くなってきますから、だまされたと思って試しみてください。これだけですいぶん救われますし、困った人への対処法が何か閃《ひらめ》くかもしれません。

ありがとうございます

性格を変えるのは難しいので、言葉を変えてみよう。叱責を指導と捉えて、相手には感謝や賞賛の言葉を伝えてみる。自分を変えることで相手が変わってくる可能性は大いにある。

「毎日がバカンス」と思うと仕事のモチベーションが上がる

かつて日本経済は成長カーブを描き続け、そのぶん頑張れば頑張るほど見返りも大きかった。

もしかしたら、体力的には今よりきつかったかもしれません。仕事はいくらでもあったから。でも、頑張れたのは、今言ったように、それはそれで魅力的な状況があったからです。

目の前にニンジンがぶら下がっていれば、良い意味での思考停止状態でいられます。

ところが、今はそのニンジンが目の前にぶら下がっていません。あっても、肥料の足りないひょろひょろのニンジンばかり、といったところでしょう。

それでいて、こうしたシステムだけは相変わらず残っています。とくに、「ニンジンシステム」にどっぷり浸かっていた40代以上の身の置き方が難しくなっている。こうしてどんどんと仕事のモチベーションが下がり、きつい労働を強いられている感覚が高まってしまっているのです。

日本の受験システムがそれに輪をかけたニンジンシステムですから、実際のモチベーションとのギャップに悩みます。

頑張ったご褒美は小さいにもかかわらず、サボると自分の価値が下がったように感じてしまうし、休んでいる間にライバルが利益を上げているんじゃないかと余計な想像を働かせてしまうから、休んでも全然休めた気がしないのではないでしょうか。フランスやドイツではバカンスに1か月以上の期間をとるのが普通ですが、それでも日本の経済がフランスやドイツを大きく引き離したという話を聞かないのは、どうしてでしょうか。

物欲があるとか、有名になりたいという願望を持っている人は、まだそれがモチベーションになりますが、心から欲しくないものを求めるのも疲れます。

そろそろこうしたニンジンシステムから脱却すべきでしょう。労働にもっと別の意義を見出さなければ、本当にきついだけになってしまいます。

そこで、僕と僕の会社のスタッフが脱モチベーション主義として掲げている言葉がこれ。

「毎日がバカンス」

バカンスって、誰かにああしろ、こうしろと言われて過ごすものではないですよね。今度のバカンスには、あれをやろう、これもやってみたい、と思ってわくわくするもの。逆に、何もやらないで、ただボーッとするだけでもリフレッシュするという意味でバカンスをとった意味は十分にあります。

ここまでの境地に至ろうにも、あまりに子どものころから受けてきた教育が深く心に刻まれていて、難しいことはわかります。でも、そこをふんばって「毎日がバカンス」と唱え続けていると、本当に発想が変わってくるのです。

たとえば僕の会社には、会議も定期的な打合せもありません。スタッフ同士のコミュニケーションは一緒にランチに行くことで図《はか》っています。ただ、ひとつだけうちの会社で働くための条件として言っているのは、毎日をとことん楽しんでほしい、ということ。

会社として仕事を受けるときにも基準があって、それは自分たちがわくわくできるかどうか。商品作りにしても、何かのサービスを生み出すにしても、作り手が感動できるかどうかが、消費者の感動とも大きく関わってくるからです。だから、僕たちにとって「毎日がバカンス」の類義語は「夢中」です。

ニンジンシステムから「毎日がバカンス」に発想を転換すると、はじめはリズムがつかめず、肉体的な疲労はあるかもしれません。でも、その場合の疲れは、たとえばサーフィンを始めたばかりのころに見舞われる筋肉痛のようなもの。すぐに慣れます。肉体の疲れより厄介なのは精神の疲れだということを、もう一度声を大にして言いたいと思います。

毎日がバカンス

バカンスのように、物事を自分自身で決め、毎日を楽しむことを始めてみよう。ニンジンシステムからは脱却。夢中になる時間だけでなく、ボーッとしてリフレッシュすることも、ときには必要な時間になる。

目的を達成できず徒労感が募るときは、一番好きなものを選ぶ

仕事のモチベーションが上がらないのと似て非なる疲れに、業績が上がらないことからくる徒労感があります。

どう違うかというと、モチベーションは仕事のやる気そのものが上がってこないという話で、業績のほうはやる気はあるのだけれど期待したほどの成果が上がっていないという話。

これもたしかにきついことです。売り上げや業績といった数値は目標にしやすいですから、それを追いかけることを目的にする気持ちはわからないでもありません。けれど、目的は達成されなければきついし、達成されればされたで虚しさが残る可能性があります。

その仕事に就いたとき、あなたの夢は何だったのか、思い出してみてください。きっと、その仕事に就くことで、楽しい人生を送ることだったのではないでしょうか。

目的に走ると、そこに到達するまでは頑張りどころだから、多少のきつさは我慢しようと思ってしまいます。でも、それは優先順位を間違っているのかもしれません。

たとえば、こんな話があります。あるとき知人と、食事は好きなものから食べるのか、それとも嫌いなものから食べるのか、討論になったのですが、その人はだんぜん好きなもの派でした。

その理由が面白くて、もし一番嫌いなものから食べると、次に食べるものはその次に嫌いなものを食べることになる。それは全体としては二番目に嫌いなものなのですが、一番嫌いなものはすでに食べてしまっているので、その時点ではもう一番嫌いなものになっています。で、それも食べてしまうと、今度は三番目に嫌いなものを食べるのですが、それもその時点では一番嫌いなものです。

そうやって、嫌いなもの、嫌いなものと食べていく間、その人は常に数ある食べ物の中で一番嫌いな食べ物を選び続けているというわけ。なるほどなぁと思いました。

これが逆だったらどうでしょう。もうおわかりですね。一番好きなものを食べ、その後もずっと選択肢の中から一番好きなものを選び続けることになります。

仕事や人生も、常にこのような、好きなものを選び続ける状況のほうがいいとはいえないでしょうか。

もしかしたら、仕事のモチベーションが上がらないのも、目的に走るあまり、それぞれの瞬間を楽しんでいないことが原因かもしれません。

実際、僕の友人の中にも、会社を起こして軌道に乗せたものの、好きなことをする時間が取れず、いつも疲れている人がいました。その友人は書道教室の生徒さんでもあるのですが、彼が「10年後の理想の朝」という自分の夢について書くワークショップに参加したときに書いたのが、「理想の村を作りたい」でした。それをきっかけに「自分の本当の夢は奥さんとのんびり朝食をとり、今日は何しようか？」と語り合うことだと気づいた友人は、その1か月後に会社を閉じました。田舎に移住してのんびりした生活を送るようになった途端、ずっと不妊治療をしていた奥さんがお子さんを授かるなど、今までずっと先送りにしていたいろんな夢が一気にかなったのです。

10年後の理想の朝を思い描いたとき、今の自分の延長線上にその理想がなかったことに気づいたことが、心だけでなく体にも良い影響を及ぼしたのは間違いありません。

目的よりも、たった今の夢の実現のために行動をする。「楽しむ」という言葉が気づかせてくれる真理です。

好きなことから始める

嫌いなものを選び続けるより、
好きなものを選び続けたほうが、
誰だって楽しく、幸せなハズ。
夢だってほっておいたら劣化し
てしまう。目的に走りすぎず、
たった今の幸せを考えることも
大切にしたい。

不快な「嫌」ではなく、良質の「NO」を増やす

毎日がバカンスと思えれば疲れない。

そう聞いて、こんな疑問をもった人もいるんじゃないでしょうか。

「仕事って、自分では選べないことも多い。そんな風にして積極的に仕事を面白がっているうちに、どんどんやることが増えてしまうよ」

たしかに、そういう面はあります。真面目な人ほど、頼まれると嫌といえない性格だったりもします。結果、体力、気力が仕事の量に追いつかず、容量オーバーなんてことに。

前に、僕たちの会社が仕事を受けるときの基準は、自分たちがわくわくするかどうかだと書きました。つまり、これはわくわくしないな、と思ったら、（大き

な声では言えませんが）お断りしています。

仕事だけではありません。僕にもいろんなおつき合いがあり、パーティーや会食のお誘いを受けることがあって、ありがたいことではあるのですが、そこが僕にとって場違いな席なら、たとえ出かけていっても無駄足になるわけです。

せっかく誘ってくださったものを断るのは申し訳ないと考える気持ちは多くの人が持っているでしょう。でも、本当のメカニズムはそうじゃないんです。

仮に僕が「行きたくない」「やりたくない」と思っていたとしましょう。僕の立場だけで考えれば、たとえ嫌々ながらでも、相手の要求に応えてあげたら、その場が丸くおさまると見ることはできます。

しかし、相手の立場に立ったら、事情はがらりと変わります。嫌々パーティーに出席したり、打合せにやってきたりした人を迎え入れて、果たして相手は良い気持ちがするでしょうか？

そう考えたら、誰のどんな要求にも応えるのは、かならずしも正しいこととはいえません。何よりもイエスマンは、すごく疲れます。

だから、断りたくて、断れるものは、できるだけ自分の気持ちに素直になるべきなのです。ただし、こういうときに「嫌」という言葉を口にするだけでは、相手を不快にさせるおそれがあり、結果的にこちらも気疲れを生む原因となります。

そこで、こういうときは、不快な「嫌」ではなく良質な「ＮＯ」がどれだけ言えるかが重要です。

まずは、行かない、やれない理由を自分の中で探してみましょう。育児があるとか、クリアしたいゲームがあるといったことだって、それが自分にとって大切なことなら、立派な理由です。理由がはっきりすれば、くわしい事情を相手に告げなくても、自分の中では納得できますから自信をもってお断りすることができるし、気疲れする可能性はずいぶんと低くなります。

モチベーションはあるか、能力が発揮できる分野か、スケジュール調整がうまくいくか、等々、条件がそろっている仕事で成功すれば、結局は目先の仕事にとらわれるよりも多くの利益をもたらすはず。たとえ、一次的に収入が下がっても、長い目で見れば精神的なものも含め、そちらのほうが得なのです。

美しい「NO」が上達していくと、質の高い「YES」が言えるようになるのです。

断る

すべての要求に応えるイエスマンは、いつも容量オーバーでとても疲れている。自分にとって「断るための立派な理由」があれば、それは良質な「NO」となり、相手にも気持ちは伝わる。

人の為は「偽」。犠牲のもとに幸せはない

人の為に頑張って、気がつけばそこにいる誰よりも疲れている。

これも、真面目な人ほど陥りやすい落とし穴ですよね。

そういう気持ちを持っていることは素晴らしいんです。けれども、そのために自分が犠牲になったら、恩恵を受けたほかの人も決してハッピーとはいえません。誰かの犠牲のもとに成り立つハッピーなんて、本当のハッピーではないからです。

日本語は本当によくできています。

「偽」は「にんべん」に「為」、「人の為」と書きますよね。そうなんです。「人の為」は偽の感情であって、エネルギーが内向きだから、そのエネルギーは使えば使うほど、消耗する一方です。

こういうとき、「人の為」をうまく言い換えるなら「おすそわけ」です。「おすそわけ」には、自分の誰か（何か）からもらった利益を、さらにほかの人に分け与えるという意味があります。

類語に「お福分け」というのがあることからもわかるように、こちらにハッピーなことやラッキーなことがあったときに、その幸せを分かち合うという意味なのです。

僕が書を書いたり本を出したりするのは、すべて「これは面白い！」と感じるハッピーな体験をおすそわけしているだけ。だから、そこに犠牲感はまったくないし、もしかしたら仕事とすら思っていないのかもしれません。

人の為に頑張るのも、ときにはモチベーションとなるでしょう。でも、やっていることが同じなら、人の為に頑張るという感覚ではなく、おすそわけというポジティブな捉え方でやったほうが、自分も周囲も心がすっきりするはずです。

おすそわけ

人の為に頑張ることも素敵だけれど、ポジティブな気持ちで自分の幸福や利益をまわりの人に分け与える、と考えてみよう。同じようなことなのに、自分もまわりも幸福になるという考え方は無理をした疲れを感じないはず。

家庭編

男と女の関係はあきらめることから。「わかる」「だよね」の共感の言葉でうまくいく

配偶者との関係がうまくいかず疲れる。

夫は仕事に忙殺され、妻は家庭で孤独な時間を過ごすか、育児と家事を一手に引き受けてストレスが募る毎日を送る。もしくは、キャリアアップや厳しい家計を助けるために仕事を続け、育児と家事の負担が増してしまう。

これでは、とくに妻の側から自ずと不満が口をつくことになるでしょう。先にも述べたように、男と女では不満の細かな内容、怒りの沸点、それに対する対処の仕方も違ってくるので、一度こじれると泥沼にはまってしまうおそれがあります。

僕自身、新婚時代には洗面台を汚しては妻の怒りを買い、その気持ちが理解で

きなくてムカつくことの繰り返しでした。しかし、それがきっかけで夫婦の問題に興味をもった僕は、以来、夫婦間のこじれに対する処し方の研究を続けてきました。

その結果、やはり男女は永遠にわかり合えないものだという境地に至り、夫婦関係がこじれたときは、まず第一段階として「あきらめる」ことが肝心だという結論に達しました。そして、ここからがもっと大事な部分ですが、無理にわかり合おうとするのではなく、「共感する」ことこそが必要なんだということを理解したのです。

男女というか、とくに女性なのですが、自分の不満や怒りを誰かにぶつけるのは、自分が今どういう気持ちでいるのか気づいてほしいからなんです。だから、それに対して共感してあげれば、たいてい気がおさまります。

「私がどれだけ疲れているか、あなたはわかっているの!?」

と食ってかかられて、

「俺だって同じだ！」

と返すのは、一番避けるべきパターン。

そうではなくて、こういうときは、

「そうだよね。そりゃ疲れるよね」

と共感する。

この、〝共感〟の言葉が自然と使えるようになれば、夫婦間のストレスのほとんどは解消できるんじゃないかと僕は思っています。

このほか、共感の発展型として〝感謝〟の言葉もあります。

たとえば、

「あなたばっかり幸せそうね」

と妻に嫌みを言われたら、

「うん、本当に君のおかげだよ」

こんな風に感謝されて、悪い気がする人はいないでしょう。

相手を変えるよりも自分から変わるほうが楽なのは、上司との関係も配偶者との関係も一緒です。

夫婦関係にイライラ、ヘトヘトの方は、一度お試しあれ。

自分が変わる

まず、男と女は一生わかり合えないものと考え、あきらめる。その上で、共感の言葉や感謝の言葉を使えば、相手の怒りもおさまってくる。大切なのは、相手を変えることではなく、自分から変わること。

子育てにうんざりしたときは、子どもとはしゃいでみる

僕自身、3人の子どもを育てている真っ最中なので、子どもを育てる大変さはよくわかっているつもりです。なぜ、子どもは親がダメということばかりやるんだろう。こうしてほしいと思うことはやってくれないんだろう。

親御さんは、子どもが「思い通りにならない」と感じてはイライラし、「子育てはとにかく疲れるもの」という気持ちで毎日を過ごしているんじゃないかと思います。

たしかに子どもって「○○しなさい」と言ってすんなり聞いてくれたためしがありません。予期しない行動に振り回されることもしばしば。

しかし、イライラを爆発させても、子どもはますます親の言うことを聞いてく

れませんから、そのイライラは解消されず、怒鳴ったり何かに当たったりしたぶんだけ疲労が蓄積します。でも、子どもだって親とは別の人格を持った一個の人間なのです。それを思い通りにしようとするのは「支配」することであり、支配されるとわかっていながら相手の言うことを聞くなんて、子どもだって受け入れられないと考えるのが本当は自然です。

では、どうすればいいのか。

思い通りにならないことって、そんなに悪いことなのかと考えてみましょう。たとえば、これがゲームやスポーツだとしたら、思い通りにならないほうが、むしろ変化に富んでいて楽しいと感じるはずです。ゲームやスポーツに筋書きがあって、いつもいつも先を読めてしまったとしたら？　そこに浮かんでくる言葉は「退屈」の二文字です。

案外、多くの親御さんが子育てにうんざりしているのは、「思い通りにならない」という先々の状況がいつもいつも読めてしまっているからかもしれませんね。

だとしたら、子育てをするとき思い浮かべる言葉は、「思い通りにならない」ではなく「予測がつかない」です。そして、その予測がつかない子どもとの行動に「はしゃぐ」こと。子どもは相手が大人でも子どもでも、一緒にはしゃいでくれる人といるのが一番嬉しいんです。上からの命令には頷《うなず》けなくても、一緒にはしゃいでくれる人が提案することなら、「よし、面白そうだ」と乗ってくれる可能性が高いはず。それでも、もしまだ思い通りにいかなくても、あくまでそれは「予測がつかない」行動のひとつですから、そのまままたはしゃげばいいのです。

そんな簡単なことで本当にうまくいくの？　と思われるかもしれません。たしかに、言うほど簡単ではないでしょう。けれども、少なくとも今までのように「相手を思い通りにしよう」という焦りやイライラからくる疲れが和らぐことは間違いありません。

まずは、自分が相手を無意識のうちに思い通りにしようという気持ちを変えること。「子どもとはしゃぐ」は、そのきっかけを作ってくれると思います。

はしゃぐ

子どもの言うこと、やることは思い通りにならず、予測のつかないことだらけ。それでイライラするくらいなら、一緒にはしゃいじゃおう。子どもは、はしゃいでくれる人の提案だったら、乗ってくれるかもしれない。

おっくうなときは、「好きでしかたがない」と書くと本当に好きになる

主婦の家事は1年365日、休むときがないというのが一般的な認識のようです。1年間1日も休まずとはいわなくても、ほぼそれに近い日数だけ家事労働を担っている人が世の中にはたくさんいるのが実情でしょう。

もちろん主婦とは限りません。一人暮らしの人なら、男性であれ女性であれ、家事は自分で負担しなくてはなりませんから、これがおっくうとなると、毎日きつい労働を強いられているようなものです。

ある日の書道教室で、生徒さんの中に、「家事は全般的に好きなのですが、アイロンがけだけはどうしても嫌なんです」という生徒さんがいました。「嫌いなものを書く」というワークショップでの出来事です。

そこで次に書いてもらったのが、その嫌いなものを使った「○○が楽しくてしかたがない」というフレーズです。つまり、本心とは完全に逆のこと。この場合は、「アイロンがけが楽しくてしかたがない」ですね。

すると、一体どんなことが起こったか？

生徒さん曰《いわ》く、

「恥ずかしいんですけど、もうなんだかすごくアイロンのことが気になっちゃって……。次の日曜日には旦那と連れだって新製品のアイロンを買いにいくくらいはまっちゃったんです」

このことからわかるのは、ある対象に「嫌い」という気持ちを抱くということは、言い換えればそれだけ強い関心を持っているということです。だから、「嫌い」は「好き」にひっくり返りやすい。

関心を持っていなければ、最初からそれを意識することはありませんから、「嫌いなものを書いてみて」と言われても頭に思い浮かばなかったはず。これを言うと、皆さんすぐには信じてくれないんですが、そういう人こそぜひ試してみてください。今までは嫌いで、うんざりする日常のルーティンが大好きな遊びに変わる可能性は大いにあります。書いてはっきり意識にのぼらせるまでは、そのことに気づいていなかっただけなんです。

気づいていなかったことを気づかせてあげれば、日常から嫌いなことがひとつ、ふたつと、順々になくなって、逆に好きなものがひとつ、ふたつ、と増えていけば、2倍のメリットですね。

そういえば、家事とは違いますが、同じワークショップのとき、「生物が嫌い」って書いた高校生の女の子もいました。どうやらその子は、生物の教科書に載っているグロい虫や内臓の写真が生理的にダメで、授業でそれを解説する先生の話を聞くのもつらかったそうです。

でも、彼女には素晴らしい国語能力があったのです。そして、「生物に関する素敵な未来を描いてみて」という僕からの課題に対して、「ふと気がつくと夢中で生物の教科書を開いていた」と書いてくれました。

ビジョンの描き方がすごいなあ、と感心していたら、案の定、次に受けた生物のテストで100点を取ったんです。

「○○が嫌い」と書いた後に、「が嫌い」のところを「好きでしかたがない」と書き変えるだけで、嫌いなものが好きになり、なおかつ得意にまでなっちゃう。これって、ドラえもんの魔法の道具と一緒じゃないですか。

こういう話を僕は毎日目の前で経験しているから「こんなすごいことを、なんでみんな実践しないんだろう？」って思っちゃいます。

「嫌い」は「好き」になりやすい

嫌いなものを、あえて「好き」と書いてみよう。書くことで、そのものを意識することになり、好きと嫌いの気持ちがひっくり返る。だまされたと思って、まずは試してほしい。苦手なものが得意になることもある。

手始めに僕がきわめた「はみがき道」

「○○道」というときの「道」には、専門をきわめて一派を立てた技芸という意味があります。僕がやっている書道もそうですし、柔道や剣道といった武道もそう。どんな世界でも、一派を立てるくらいに専門をきわめれば、その奥深さにどんどんはまって、もっときわめたくなるもの。書道をやっている僕が日ごろから実感していることです。

だったら、毎日やらなくてはならず面倒だと思っている日常のルーティンも、「○○道」にしてしまえば、奥深さに引き込まれて、面倒でなくなるのでは？

そう考えて僕が手始めにやってみたのが「はみがき道をきわめる」です。

最適のブラシ選びはなんだか書道の筆選びに似ています。歯ぐきや奥歯にどれくらいフィットするかとか、握り部分が手にどれだけしっくりくるかとか、考え出したら、これが本当に奥が深い！

お気に入りのブラシを手に入れることができたら、全体を磨くときは横方向へ直線的にとか、一本一本の歯を集中的に磨くときはブラシの先端をどのように回転させるのがよいとか、どんどん新しい技が開発されていきました。

こうなるとほかにもいろんな道をきわめたくなって、次に始めたのが入浴時の頭髪の洗い方。ポンプからシャンプー剤をとるときの最適な量や、シャンプーを泡立て、頭皮の汚れを落とすときの指先の角度や力の入れ具合など、やってみると何でも「○○道」になることを発見したのです。今では、入浴後に体を拭くための「バスタオル道」においても、僕は達人の域にあると自負しています（笑）。

要するに、何でも楽しそうにすれば楽しくなるということ。でも、忘れてしまうとルーティンはすぐ面倒くさい義務に戻ってしまいますから、そうならないように「○○道をきわめる」と言葉にしてみるわけです。

道をきわめる

面倒に思っている日常生活のルーティンも、「その道をきわめる」と言葉にしたら、そのことをもっと知りたくなり、奥深さに引き込まれていく。誰にも負けない「〇〇道」を始めてみよう。

絶体絶命編

病気で体力と気力が減退したときは、「大丈夫」で自分をはげまそう

大きな病気がどれだけ体力と気力を奪うかは、かつて胆のうの摘出手術を受けた経験のある僕も嫌というほど実感しました。

家族にも大変な思いをさせるなど、つらい時間を過ごした中で、最終的に辿《たど》りついた言葉は、

「大丈夫」

これです。

重い病気にかかって、まだ完治しているわけではないので、その言葉に根拠があったわけでも確信があったわけでもありません。

でも、「大丈夫だ」と言うだけで、なんだか本当に大丈夫なような気がしてく

るんです。
この、本当だかどうだかわからないけど、なんとなく大丈夫と思えてくる、というところ、ここがすごく大事。こういう気持ちになれたほうが、体の回復も早まり、結果的に本当に大丈夫になるものだからです。実際、そのことは僕自身の闘病経験が証明しています。
志村けんさんがコントのオチで言う「だいじょうぶだぁ」がウケるのも、ただ可笑《おか》しいというだけでなく、人が根源的に求める力強いはげましの言葉だからでしょう。疲れたときや病気をしたときの「大丈夫」は、自分に対するはげましの言葉として使うわけです。
「大丈夫」に通じるはげましの言葉は、ほかにもたくさんあります。
平気
安心
安全

万全
心配ない
差支えない
大事ない
無事
などが、辞書に載っている「大丈夫」の類義語です。
ただし僕は、やっぱり「大丈夫」が好きですね。「だい・じょう・ぶ」という似た響きの音が、どん、どん、どん、と連なっていて、なんだかとても頼りがいがある言葉に思えるんです。
もちろんこれは、僕の個人的な印象なので、ほかの人ならまた違った言葉に安心感を覚える可能性はあります。こういう直観はとても大事ですから、皆さん一人一人がそれぞれの中に、苦境に立ったときまず思い出したくなる、はげましの言葉を、かならずひとつ持っておくことをおすすめします。

大丈夫

安心感を与えるはげましの言葉を見つけよう。自分に合った言葉をひとつ持っていれば、何かあったときにもあなたを支え、いつでもどこでも自分をはげましてくれる。

何をやってもうまくいかないときは、「しょうがない」で乗り切る

前に「通勤が面白い」と言ったり書いたりするだけで、朝のつらいラッシュアワーが本当に面白くなってくる、と僕は言いました。

しかし、一緒に乗り合わせている乗客すべての人たちがそう思ってくれるわけではありません。

なにしろ、あれだけの乗客が狭い列車の中に閉じ込められて何十分もその状態が続くのです。こんなことは長い人類の歴史の中でも、ごく最近始まったばかり。いわば人類にとって未体験の世界なのです。他人との距離が密着するくらい近くて、おまけに暑いとか臭いとか、ほかにもいろんな不快指数が高まっているのですから、疲労困憊《こんぱい》するなと言うほうが無茶な話なのです。

まわりの人は殺気立っている。自分も、その状況をどうしても楽しめない。

ではどうしたらいいか?

そんなとき、僕なら、

「しょうがない」

という言葉を思い浮かべます。

これは、前に紹介した「はげまし」の言葉とは逆の「あきらめ」ですね。あきらめというとなんだか話が終わってしまいそうですが、決してそういうことじゃない。目の前のどうにもならない状況に対し、いくらあがいてもそれは疲労を増大させるだけ。だったら、決して自分本来の流れではないけれど、周囲の流れに身をゆだねて、じっと困難が過ぎ去るのを待つのもひとつの方法というわけです。

バリエーションは「しかたない」「まぁいっか」ですね。

ただし、「しょうがない」のあとに「じゃあ、○○しよう」と続けることもでき、そうなれば今度はポジティブな言葉へと変化します。

いったんあきらめると、少しだけ気持ちに余裕ができて、何か新しいアイディアも湧いてくるかもしれない。「しょうがない」という脱力した言葉には、実はそんな可能性も秘められているのです。

脱力したからこそ新しいアイディアや力が湧いてくると考えれば、むしろ必然的に備わった可能性といっていいのかもしれません。「あきらめる」という言葉は、「あきらかに観る」という語源があるという説もあるくらいです。

今の時代、ほんのちょっとしたことですぐに「くそったれ」とか「ムカつく」とかいってキレる人が増えています。こういうときこそ、あきらめの言葉で力を抜くことを覚えておくのも、悪くないんじゃないかなあと思うわけです。

病気やケガをしたときなどにも有効な言葉です。「しょうがない。今はとにかく治療に専念して、治ったら、思い切り人生を楽しもう」。そんな風にこの言葉が使えるといいですね。

しょうがない

周囲に身をゆだね、時間が過ぎ去るのを待つのも疲れをとる方法のひとつ。あきらめは、悪いことじゃない。ギリギリだった気持ちや心に余裕をつくることができる。

今の気分にぴったりの言葉を造語する

先が見通せないから不安になり、不安になるからストレスや不眠に悩まされてその結果疲れてしまう。

この悪循環を断ち切って今を楽しもう。

そんな気持ちにさせてくれる言葉をこれまでにもたくさん紹介してきましたが、どうせなら言葉でもっと遊んでみましょう。そのときの気分にぴったりの言葉がなければ、自分で造語したり、文章を作ったりすればよいのです。なんたってそういう余裕のある態度こそが、余裕を生むのですから。

僕が自分で作り、仕事を続けていく上でずっと信条にしている言葉のひとつに「成幸」があります。

ふつうは「成功」ですが、この言葉には、たとえ犠牲を払っても、実利とか野心とか、何か目標を達成できさえすればOKというニュアンスが感じられるのに対し、「成幸」のほうは野心や実利、自己実現や社会貢献など、仕事をする上でのあらゆるモチベーションをすべて備えているという意味で、「成功」よりももっと欲張りだし、もっと上質な言葉だと捉えています。

極端な未来志向をやめて今を楽しむには、「成功」のイメージからくる固定観念を捨てることが必要だし、それができれば本当の「成幸」を手に入れるためのアイディアも湧いてくるに違いありません。要するに、この固定観念を捨てるきっかけを、今までにない新しい言葉を創造することで手に入れるというわけです。

だから、こうした〝造語〟を発想するにはなんといっても遊び心が大事。

僕が会社を辞めて独立したとき、最初に玄関に飾った書にも「すべてを遊びに」としたためました。子どものころの僕は、一日中遊んでいてもまったく疲れませんでした。大人になった今もそういう人生を送れたらいいなあ、と思ってそう書いたら、本当にそういう人生を送れるようになったのです。

そして、今、これも僕が書いて教室に飾ってある造語が「いきあたりばっちり」。

これから起こることはすべて神の采配なのだから、じたばたしても始まらないし、こうして生きていられるのは家族や信頼できるスタッフ、友人たち、仕事仲間のおかげで、すべてはラッキー。そう考えるようになったら、先のことがどうであろうと、さらに楽な気持ちで生きていけるようになりました。

毎日がパラダイス。

これは、僕が適当道の師と仰ぐ高田純次さんの実にありがたいお言葉です。

適当とは言いましたが、対談させていただいたときに感じたのは、周囲の人たちに細かい気配りができて、誠実ということでした。遊んでいるんだけど、それで誰かに迷惑をかけるようなことはせず、気がつけばまわりの人たちもその遊びに巻き込んでハッピーにしてしまう。

まさに高田純次さんが「成幸」モデルですね。

自分が心から楽しくなったり、楽になる言葉を選んだり作ったりすることで、日常のささいなことにも、そういう気持ちで接することができるようになります。

いきあたりばっちり

自分の気分に合う言葉や文章を自由に作ってみよう。今のその疲れは、固定観念からくるものかもしれない。造語で必要なものは遊び心。ポジティブな言葉作りにルールはなし。

第四章

それでも疲れてしまった人へ

〝さんずい〟の言葉は、エネルギーの流れを良くする

本格的に疲れる前に心や体が発するメッセージをキャッチするのが、疲れないための究極の方法だというのが前章までの中心的な話です。しかし、それでも疲れてしまうことはあるでしょう。

そんなときは、人間に漲《みなぎ》るパワーやエネルギーがどこからきて、逆にどういう状態になると、そのパワーやエネルギーが枯渇してしまうのか、そのメカニズムを改めて考えてみましょう。

僕が、人間に限らずすべてのエネルギーにとって重要だと考えているキー概念は「フロー」です。日本語でいえば「流れ」とか「ほとばしり」といった意味ですが、より広い意味としては「体の自然な動き」というのもあります。つまり、

楽なのにうまくいっている状態のことです。

宇宙のエネルギーは常に安定していて、人間もそのエネルギーを波動として受けながら自然と調和した存在のはずですが、仕事とか人生とか、いろんなしがらみ（＝ノイズ）を我々自らが発生させてしまって、エネルギーがすんなりと入ってこない状態を作り出してしまっている。今までさまざまな角度から考えてきた疲労のメカニズムも、最終的にはここへ行き着くのだと思います。こんな風にいうとなんだかスピリチュアルな話で突拍子もないことのように聞こえるかもしれませんが、科学的に見れば自律神経を構成する、運動時など興奮したときに活発化する交感神経と、体がゆったりしているときに働く副交感神経がちょうど良いバランスを保っている状態といえばわかってもらえるんじゃないでしょうか。

興奮と落ち着きのバランスを程よく保つには、それを妨げるノイズを取り除く。これしかありません。たとえば、気の合う仲間とおしゃべりする、というのは誰に強制されるわけでもない、楽しい時間を過ごしているという意味で自然な流れ

（フロー）に乗った状態といえますよね。逆に、嫌な上司とお酒を飲む状況は、フローが悪い状態といえるわけです。

この「フロー」という概念をぜひ覚えておいていただきたいので、それに因《ちな》んだ言葉を挙げておきましょう。日本語で「流れ」というように、フローの概念を表わす言葉には〝さんずい〟が多いようです。

清らか

浄

波

溢れる

潤う

文字を眺めているだけでも、心身にたまっているものが綺麗に洗い流されるような気がしないでしょうか。「元気」は「元の気」と書き、これはまさしくエネルギーの流れが元の100パーセントに戻った状態です。

フローに乗る

疲れがたまってしまったら、興奮と落ち着きのバランスがとれた「フロー」の状態を作ってみる。文字を眺めているだけでもOK。〝さんずい〟の文字は、心や体の疲れを流してくれる気がしませんか。

書くことで気分を「すっきり」させる

この本でもたびたび触れていることですが、書道をやっていると日本古来の言葉の面白さを実感できます。とくに面白いなあと思うのは、癒し効果のある言葉ほど響きが美しく、その一方で英語などの外国語には訳しにくいものが多いところです。それだけ日本の文化に深く根ざした言葉ということだと思いますし、また我々日本人の精神が最後に行き着くところもそこなんだということなのでしょう。

ここでは、そんな日本語ならではの響きが美しいと僕が感じている言葉の中から、疲れにも効く言葉を集めてみました。

まずは「すっきり」。「頭がすっきりする」「気分がすっきりする」という使い方が代表的で、よけいなものがなく、気持ちの良いさまを表わす言葉です。「しっとり」は、「しっとりした女性」などのように人を形容する言葉として使えば、静かに落ち着いて好ましい趣《おもむき》のある様子。それが自然の風景などを描写するときに使われると、辺りが軽く湿った様子を表わす言葉になるところがいかにも日本的情緒を感じさせます。

「ご縁」も、外国語には変換しにくい言葉ですね。ただの「縁」なら英語のチャンスなどにも近いのでしょうが、頭に「ご」がつくと特別な縁《えにし》を感じさせて、感謝と結びついた言葉になるんじゃないかなと思います。

「謙虚」にも感謝のニュアンスが感じられて、心身のチューニングにはぴったりの言葉。ひかえめで慎ましいさまを意味しますが、消極的な態度とは違って、素直に相手の言うことに耳を傾けるなど前向きなニュアンスがあります。僕も大病をして以来、感謝の気持ちが増えましたし、謙虚にいろんな人のアドバイスに耳を傾けようと思うようになりました。

というわけで、究極的には「健康」という字が一番かもしれません。「健」にも「康」にも「すこやか」という意味があり、さらにそれが肉体的な健康だけでなく、精神の働きやものの考え方が正常であるという点にも及んでいるところが重要です。心身が「健康」なら、「元気」に「ばっちり」生きていくことができます。

ほかに、「志」「絆」「粋」なんていう漢字も、「しっとりと」味わいたくなる言葉ですね。

「健康」と書くのは健康になるためではありません。言葉の響きからくるイメージと、書くという行為の癒し効果そのものによって、書いているときがすでに「健康」な状態なのです。言葉の意味を深く考えるのももちろんいいですが、単純に音の響きや字の形を楽しむのもいいでしょう。

これが、何度も書に救われてきた僕の実感です。

大和言葉の響き

すっきり、しっとり、ご縁、謙虚、健康……などの癒し効果がある言葉たち。これらを見て、イライラしたり疲れを感じたりする人はいないだろう。美しい日本語を見て、書いて、声に出してみよう。

一見ポジティブだが、実は疲れる言葉もある

本書は、ポジティブな言葉を紹介しながら疲れをとる、疲れをためない方法について述べてきました。

ただし、ここで気をつけていただきたいことがあります。言葉が持つ意味というのは、かならずしも絶対的なものではないのです。人によっては、ポジティブな言葉が逆にすごく疲れることもあります。

書道教室の生徒さんの中に、長い間とても重い病気と闘っている人がいますが、そういう人にポジティブな言葉を書いてみてといっても、現実とのギャップが強調されるだけで、かえって苦しさが増してしまうかもしれない。つまりポジティブは、扱い方を間違うとときに危険なのです。

とくに重い病気にかかっていないし、失業して莫大な借金を抱えているというわけでもない人だって、なんでもかんでもポジティブな言葉で捉えようとすれば、やはり現実とのギャップが息苦しさを感じさせることはあるでしょう。そうなってしまっては、もはやポジティブなのはただの字面《じづら》だけで、本質的な意味ではネガティブそのもの。言葉が持つ意味というのは、かならずしも絶対的なものではない、とはそういうことです。

そういう言葉の扱い方を、この本を読んでくださっている読者の皆さんに間違ってほしくないとの思いから、一見ポジティブではあるけれど、取り扱いに注意が必要な言葉を少し挙げてみましょう。

たとえば、

上を目指す

頂点を目指す

などは、その典型だと思います。

たしかに、目標を掲げ、それに向かって頑張るのは気持ちが充実して良いかもしれません。でも、上や頂点だと思ってそこに登ってみたら、実は上でも頂点でもなかった、なんていうケースはよくあることですし、仮に目標を達成できたとしても、達成した瞬間にまた新たな上や頂点を目指さないと、そういう人は心が落ち着きません。なぜなら、もともとの考え方が上昇志向だからです。

同様に、

成功

成長曲線

なども、注意を必要とします。

それらの言葉を意識することで、常にポジティブになれる人はいいでしょう。そういう人は、実際に上や頂点に到達できるかどうかが問題なのではなく、そういう言葉を口の中で唱えたり書いたりすることで、とくに根拠はないけどとにかくポジティブになれる！　という根っからのポジティブ・タイプなんだと思います。

問題は、根っからのポジティブではないのに、ポジティブな性格の人を真似て無理にこの種の言葉を掲げてしまうこと。

自分が根っからのポジティブか、ポジティブにもネガティブにも振れやすい性格なのかをよく見極めた上で、この種の言葉が自分にとって今どんな意味を持つのか考え、慎重に取り扱うようにしてください。

疲れているとき、どんな言葉を遠ざけておいたほうがいいか。それを意識しておくことは逆説のようですが、不意にそれらの言葉が目や耳に飛び込んできた場合よりもスルーしやすくなっているはずです。

上を目指す

「頂点を目指す」「成功」「成長曲線」これらの言葉の取り扱いには気をつけたい。人はネガティブな状態にあるとき、ポジティブな言葉でかえって疲れを倍増させることもあるのだ。

欠点をあげつらうのではない、「楽しい反省」をしよう

なにごとにも一生懸命ストイックに取り組む傾向のある日本人全般が好きな言葉に、「克己心《こっきしん》」があります。

己《おのれ》(自分)に克《か》つ(勝つ)心。自分の感情や欲望、邪念などに惑わされず、目標に向かって一直線に突き進む心、という意味です。

この言葉自体は悪くないのですが、元気なときも疲れているときも等しくこの言葉を念頭に置いて行動していたら、かならず己に負けてしまう状況と直面してしまうことになります。

そして次に頭に浮かぶのは、

自責の念

自己嫌悪
反省
といった言葉の数々。
自分を責めるニュアンスの言葉がこんなに豊富だということ自体、日本人の自虐的な精神性を物語っているのかもしれません。
しかし、あまりにもネガティブな感情と寄り添いすぎた言葉は、心の安定を乱し、疲労感へと直結していきます。そのときの状態は、ちょうど火が消えた炭のようなもので、これを再び熾すのにはかなり骨が折れます。だからそこでまた、余分なパワーを消費してしまう、という悪循環。
そもそも、「反省」という言葉を、自分たちの「過ち」を判定する意味に限定してしまっているところに問題があると僕は思っているのです。
たとえば野球チームが反省会をするといえば、あそこでエラーしたから負けたとか、チャンスにあと一本ヒットが出ていれば、もっと楽に勝てたとか、たいてい粗探しになりますよね。でも、粗探しをしていると悪い記憶ばかりが定着して、楽しくてやっていたはずの野球が全然楽しくなくなってきて、残るのは徒労感、なんてことになりかねない。

「反省」という言葉には、自分のよくなかった点を振り返る、という意味もありますが、それは決して本質ではありません。もともとの「反省」の意味は、自分のしてきた言動を「反復して省みる」こと。つまり、良いも悪いも関係なく、ただ客観的に振り返るということです。

だったら、良いことを省みるのだってありだと、僕は思うわけです。

僕が書道教室で心がけているのも、生徒さんたちの悪いところを矯正するのではなく、良いところをどんどん誉めるということ。欠点を直すのに必死になるあまり、文字を書くという行為に注がれるエネルギーが小さくなっていくのが、一番よくないからです。

かくいう僕は、手先がすごく不器用で、説明書を読むのも、段取りをつけるのも、細かい計画を立てるのも苦手。

でも、そんな凹凸だらけの自分の才能に一喜一憂することはありません。反復して省みた結果、「自分にはそういうところがある」と客観的に捉え、そんな自分だからこそできることは何かと考えるのです。

自分にできることだけをやっていれば、エネルギーは常にフローの状態で循環し、いつまでも途切れることはないからです。

反復して省みる

ストイックな目標を掲げて、それが達成できなかったら、どこがいけなかったか分析するのが今の日本人の「反省」。本来の意味は客観的に自分の言動を振り返るというもの。楽しいことや良かったことがあれば、それをそのまま反復して省みたほうがエネルギーは持続する。

小さな違和感を「グチ」として書き出してみる

ネガティブな言葉はかならずしもネガティブな効果だけをもたらすとは限りません。ポジティブな言葉がかならずしもポジティブでないのと一緒です。

どうしても心が晴れず、どんなに体を休めても疲れがとれないときは、不安や不満、切なさを口にしたり、書いたりするのもいいでしょう。心と体にたまっているものを、言葉にして一度外へ出してみるのです。

これを一般的には「グチ」というのかもしれません。

でも、僕は「グチグチ」と「グチ」を分けて考えます。

ここで僕が言う「グチグチ」とは、いつまでたっても不満や不安を言い続けて、負のスパイラルと化してしまうような状況です。これは聞かされているまわりの人の気分を暗くさせるし、言っている自分もつらい。「グチグチ」。なんとなく雰囲気が感じられる言葉だと思いませんか？

一方の「グチ」は、いま直面している負の要素ときちんと向き合うために何かを言ったり書いたりすることで、そうしているうちに冷静になれて、どうすればいいか自然と答えが見つかってくるもの。

たとえば皆さん、親しい友人からこんな相談を受けたことはありませんか？

「あの人と話をしていると、すごく疲れる。どうつき合っていけばいいかわからない」

こういうとき人って、他人の悩みにはうまく答えられるんです。

「その人だって、別にあなたのことが嫌いでそんなことを言ってるんじゃないよ」とか、「嫌いな人とは、無理につき合わなくてもいいんじゃないかな。少し距離を置いたら？」とか。

そう言われた友人も、「あ、そこまで悩まなくてもいいかも」とか、「疲れたけど、なんとかなりそうだ」とか、案外かんたんに解決するものです。

健康な人格が備わっている人は、子ども時代にネガティブなエネルギーをちゃんと吐き出せてきたからだといわれています。逆に、子ども時代にすごく聞き分けが良くて、いつも家の中でお利口にしていた人は、アダルト・チルドレンと呼ばれる人格障害に悩まされるケースが多いといいます。「グチ」は、これと同じ理屈なのです。

そして、ここで重要なのは、こうした悩みごとを打ち明ける人と、悩みを聞いて助言する人との関係が、どのような単位にもとづくものか、です。

人と人との関係で、一番大きな単位が社会だとすれば、それより小さいのは会社や学校。さらにそれより小さいのは家族。で、最後に行き着く最小単位が何かといえば、「自分自身」。なにせ、自分にとって一番の親友は自分自身ですから。

要するに僕が言いたいのは、友人のグチを聞いて助言するのも、自分自身のグチを聞いて自分に助言するのも、仕組みはまったく同じだということ。

もちろん、的確なアドバイスができるかどうかは、自分の心が整っているかどうかにかかってきます。友人にしろ、自分自身にしろ、もし、心が乱れた状態でグチを聞けば、必要以上に共感して憤慨したり、自分のつらさに置き換えて（自分自身なら最初から自分のつらさですが）一緒に落ち込んでしまったりするかもしれないからです。

この本で何度も述べている「心が整っている」状態とは、自分自身と仲が良い状態にほかなりません。自分自身と仲良くやっていけている人の心身が強いのは言うまでもないでしょう。

さらに、自分自身と向き合うときに必要な心のチューニングにおいても、「グチ」は有効なんです。

ほんのちょっとした心身の違和感を、書き出してみてください。

「あの人といると疲れる。もしかしたら嫌いかも」

「朝起きたら、体がすごく疲れている」

「忙しすぎて食欲がない」

こうしたことに早い段階で気づけたら、深刻な悩みを抱えて身動きがとれなくなるよりずっと前に、何かしらの対策が立てられるはずです。

自分自身との良い関係を築くための、「気づき」としてのネガティブな言葉なら、どんどん書いてみるというのもひとつの方法だということを覚えておいてください。

心を整える

ときには自分自身の「グチ」にも耳を傾けてあげよう。「グチ」を聞くことは自分自身と向き合うということ。心が整っていれば、自分へも的確なアドバイスができるはず。少しの違和感を書き出してみて。

〈著者プロフィール〉
武田双雲（たけだ・そううん）
書道家。1975年、熊本市生まれ。東京理科大学理工学部卒業後、NTTに入社。約3年後に書道家として独立。NHK大河ドラマ「天地人」や世界遺産「平泉」、世界一のスパコン「京」など数々の題字を手がける。2013年度に文化庁から文化交流使に任命され、ベトナム～インドネシアにて、大使館主催のさまざまなワークショップやパフォーマンスを行うなど、その活動は国内にとどまらず、海外に向けても日本文化を発信し続けている。『知識ゼロからの書道入門』『知識ゼロからの写経入門』（ともに幻冬舎）のほか、メッセージ集『たのしか』（ダイヤモンド社）、『人生に幸せ連鎖が起こる！ ネガポジ 変換ノート』（SBクリエイティブ）、『武田双雲の墨書七十二候』（朝日新書）、『武田双雲にダマされろ』『ポジティブの教科書』（ともに主婦の友社）、『いろはにほめ言霊』（KADOKAWA）など著書多数。
公式ホームページ　http://www.souun.net
感謝 69　http://kansha69.com

疲れない!!
楽しいを感じて、話して、書けば、人生は◎

2016年7月25日　第1刷発行

著　者　武田双雲
発行人　見城 徹
編集人　福島広司

GENTOSHA

発行所　株式会社 幻冬舎
〒151-0051　東京都渋谷区千駄ヶ谷4-9-7
電話　03(5411)6211(編集)
03(5411)6222(営業)
振替　00120-8-767643
印刷・製本所　中央精版印刷株式会社

検印廃止

ISBN978-4-344-02973-6　C0095
幻冬舎ホームページアドレス　http://www.gentosha.co.jp/

この本に関するご意見・ご感想をメールでお寄せいただく場合は、
comment@gentosha.co.jpまで。